突 破 认 知 的 边 界

非暴力社交

如何在谈判中搞定强势的人

[美]格里戈·威廉姆斯(Greg Williams) / 著
[美]帕特·艾耶尔(Pat Iyer)

高天航/译

光明日报出版社

图书在版编目（CIP）数据

非暴力社交：如何在谈判中搞定强势的人/（美）格里戈·威廉姆斯，（美）帕特·艾耶尔著；高天航译. -- 北京：光明日报出版社，2023.9
 书名原文：NEGOTIAIING WITH A BULLY
 ISBN 978-7-5194-7454-6

Ⅰ.①非… Ⅱ.①格…②帕…③高… Ⅲ.①心理交往 Ⅳ.① C912.11

中国国家版本馆 CIP 数据核字（2023）第 169702 号

Copyright © 2018 by Greg Williams
through Andrew Nurnberg Associates International Limited
著作权合同登记号　图字：01-2023-4027

非暴力社交：如何在谈判中搞定强势的人
FEI BAOLI SHEJIAO:
RUHE ZAI TANPAN ZHONG GAODING QIANGSHI DE REN

著　　者：[美]格里戈·威廉姆斯（Greg Williams）　帕特·艾耶尔（Pat Iyer）
责任编辑：谢　香　孙　展　　　　特约编辑：梁珍珍
责任校对：徐　蔚　　　　　　　　责任印制：曹　净
封面设计：宋晓亮　　　　　　　　翻　　译：高天航
出版发行：光明日报出版社
地　　址：北京市西城区永安路 106 号，100050
电　　话：010-63169890（咨询），010-63131930（邮购）
传　　真：010-63131930
网　　址：http://book.gmw.cn
E － mail：gmrbcbs@gmw.cn
法律顾问：北京兰台律师事务所龚柳方律师
印　　刷：天津鑫旭阳印刷有限公司
装　　订：天津鑫旭阳印刷有限公司
本书如有破损、缺页、装订错误，请与本社联系调换，电话：010-63131930
开　　本：146mm×210mm　　　　印　　张：6.5
字　　数：160 千字
版　　次：2023 年 9 月第 1 版
印　　次：2023 年 9 月第 1 次印刷
书　　号：ISBN 978-7-5194-7454-6
定　　价：49.80 元

版权所有　翻印必究

谨以此书，献给——

多年来一直支持我、理解我的家人，他们就是真实的例证，向世人证明即使一个人身处逆境，来自家庭的爱也会使他免受伤害、尽快复原。

玛丽·L.布利斯敦，她被我称为布利斯敦妈妈，在我十几岁的时候，她成为了我生活的一部分，从此她待我就像母亲一样。这些年里，她帮我做人生规划，又引领我走上正派而又适合我的道路。在我的生命中能够拥有这样一位母亲，真是令我始终心怀感恩。因此，我想在这里感谢布利斯敦妈妈，谢谢您这些年来为我付出良多。

我也同样要将我的作品献给大卫·代迪安和蒂娜·代迪安兄妹。无论我身处逆境还是顺境，他俩始终是我的好朋友，尤其是大卫，他是我一辈子的好哥们儿。当我需要友情的慰藉时，无论是何种需求，我就会第一时间想到大卫和蒂娜，因为他们已然经受住了友谊的考验！

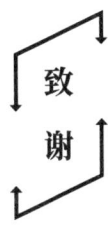

致谢

在这本书的写作过程中,以下亲友为我提供了意见、帮助和支持,每一个人都为这本书出了一份力,我衷心地感谢你们。

帕特·耶尔(我的项目开发编辑):帕特自己亦是一位才华横溢的作者。作为我的项目开发编辑,她在文字方面和谈判专业知识方面都对我大有帮助,令我的作品能够更深刻地反映与强势者谈判方法的精髓。如果没有帕特在这本书写作上对我的帮助,读者可能就只能读到写"该怎么办"的谈判方法和技巧,而看不到那些能让读者牢牢记住的谈判故事和真实案例了。

迈克尔·斯内尔(我的出版经纪人):如果我想要从我的团队里找一位可以为我而战的人,那一定就是迈克尔了,他既聪明又富有斗争意识,很明白什么时候该去与对方据理力争和博弈。当你需要和对方谈判时,你一定会需要像迈克尔这样的人跟你并肩,因为他会让你看得更多、想得更加广泛。而当你的思路被框住了，无法完整地看问题时，他也是那个帮你统揽全局的人。

达蒙·威尔斯（他是一位具备非凡的销售培训能力的朋友）：何其有幸，我在布兰登·伯查德的公司工作时，与达蒙成了同事。这令我相信，命运为我们创造了能够令我们提升自己的外界环境，所以我才会在这里遇到了达蒙，并在他给大家上"如何成为一个好销售"的课时感受到他异常渊博的智慧和见解。而且，他肯真心实意地帮助别人，这令他给我们提供的思路更加具有吸引力。他绝不是那种想要操控别人的家伙，他愿意为大家起到抛砖引玉的作用。

约兰达·罗伊斯特（她是一位女商人，也是为我激发灵感之人）：在写这本书时，我与约兰达聊了好多次。每一次她都会挑战我已有的观点，引领我去思考一些新想法和新点子。她既为我提供了作为一般人的普遍看法，也提供了从女性角度出发的独特看法，这些东西都促成了我的一次次修改。每一次我改完，这本书都又进步了一些。

心理学博士克拉斯汀·威廉姆斯·华盛顿（一位贡献巨大的心理学家）：我从克拉斯汀博士那里获得了很多关于强势者与人交往时心理活动方面的知识。通过我们的交流，我发现她在这方面的见解都是经过深思熟虑的，表述清晰、富有价值。在向她学习专业知识的过程中，我更好地理解了强势者的行为模式，比如，什么样的动机会刺激他参与进来等。

红轮出版社（我的出版商）：能够和这样一群聪明人共事真是太棒了，因为我可以放心他们把我的作品以最好的出版物形态呈现出来。红轮出版社（收购前是职业出版社）的这些工作人员就是如此，我的上一本书《赢得更多谈判的身体语言的密码》（*Boby Language Secrets to Win More Negotiating*）就是由该社出版的，从那时起，我就已经认识到，和一群在图书出版业中富有真知灼见的人合作是一件多么有价值的事。你们已经为我这本书付出了很多心血，接下来，你们还要向全世界的读者展示推荐这本书，我在此深表谢意。

另外，我希望本书的每一位读者都能够学以致用，从书中获益，更有效地去面对强势者。我想要对读者说的是："请记住，你时时刻刻都会面临各种谈判。"

目录 · CONTENTS

序言 / 10

第一章 什么是强势：无处不在的强势

强势者是如何形成的 / 003

谈判前的准备 / 011

如何定义谈判中的强势行为 / 021

操控对手和后门脱身 / 027

第二章 看透：解密身体语言隐藏的密码

面部表情、喉部、手部…… / 035

身体语言 / 046

预测身体语言 / 047

判定谈判进展 / 050

身材和体量的影响 / 057

制服强势者 / 059

环境中的强势者 / 080

第三章 反击：回应强势者的技能

绝对不能问自己不知道答案的事情 / 089

解读对手的动机 / 091

在谈判中与强势者面对面 / 093

谈判的逐步升级 / 096

关注或隐或显的线索 / 100

与强势对手的斗争策略 / 103

误导对方以分散他的注意力或能把他解决 / 107

角色扮演和强势者的力量 / 122

第四章 职场中的我们：任何企业中都可能存在强势行为

阻挡强势行为的条件 / 133

谈判策略 / 136

利用杠杆原理来预防强势行为 / 139

谈判中的强势行为 / 142

第五章 强势谈判的关键路径考虑

让环境成为你的"盟友" / 151

深入了解强势对手 / 159

捕捉刹那间情绪的爆发 / 168

抓住最佳时机 / 172

利用视觉效应 / 174

清晰谈判目标 / 176

了解身体语言和微表情 / 181

了解情感和心理在谈判中的作用 / 186

序言

在生活中或职场上取得成功，依靠的绝非偶然因素，每一次成功都必须通过制订计划、认真完成和事后评估一系列过程才行。而有效沟通则需要足够量的谈话技巧，外加感知敏锐和肯为他人的需求着想。

在我们的生活中，强势者可能是家里人、童年时代的玩伴，也可能是同事、老板或客户，他们往往会给我们带来麻烦或造成困扰。

《非暴力社交》这本书会告诉你，如何在不同的环境中有技巧地对付不同类型的强势者。阅读本书会令你了解到强势者的思维模式，弄明白他们的动机和行为。

本书设置了家庭、生活、职场等不同场合的谈判，探讨了强势出现的原因、表现形式，揭示了强势者在谈判中是如何定位自己的。

你能够从《非暴力社交》一书中学到什么呢？本书会告诉你，强势者的思维过程是什么样的。一旦你能够看懂强势者的身体语言，就能够控制住谈判局面，再不用在谈判失败后怀着那种草草收场的沮丧心情离去了。

请将本书看作你的助力器，帮助你在与强势者谈判时获得最好的结果。读完书中的案例与谈判指导方法后，再面对强势者时，你就会更加有信心。

格里戈·威廉姆斯为我们解决了如何面对强势的大难题，给了我们很多与强势者谈判的实用指导，我真要为他喝彩点赞。

——哈维·麦凯，《纽约时报》畅销书
《与鲨共泳》（Swim With the Sharks Without Being Eaten Alive）
的作者

第一章 什么是强势

无处不在的强势

我的座右铭是：你是时时刻刻都面临谈判的。因此，一定要小心，别让自己被别人操控。你今天所做的一切都会影响到你后面的谈判结果。

对谈判中强势行为的定义都是比较主观的，比如，一个人被你冠以"强势者"的名号，但他可能并不认为自己多么霸道，这是因为他压根就没有意识到自己在欺负人。

我曾担任过一个演讲组的督导，当时，我们必须要在一个指定的时间交上发言稿，但有一个组员一拖再拖。最后，我给那个人发条信息："这个发言稿是全组人的心血，但因为你又没交你的那份报告，所以我们不得不更加努力多做补上你的那份，这样我们的工作才能继续往下开展。"

后来，我收到了那个人的回复，居然还指责我攻击了他。我心里想："天哪，跟我原本想说的话相比，我发的短信已经够温和的啦。"到底何为强势，要由参与谈判的人来定义。所以，在你看来，到底何为强势，每个人都可以有自己的看法和态度。

强势者
是如何形成的

绝大多数情况下，强势者渴望的是权力。同时，他们也很想要成为领导者以引起别人的赞美："哇，他是一位多么伟大的领导者啊，什么事都难不倒他。"

这种人喜欢被称赞。如果你希望谈判能够朝着对你有利的方向发展，那么你需要做的全部事情就是赞美对方，这样会令他们对你青睐有加、言听计从。他们就喜欢你这种崇拜他们的人。

弄明白强势者的性格特征，会有助于你采取合适的谈判策略。在分析如何能够讨对方欢心时,你会找到"操纵"他的方法,让谈判朝着有利于你大获全胜的方向发展。你可以先问问自己下面这些问题,这样可以帮助你更好地开启一段谈判。

- ▶ 他想不想获得更多的权力,如果想,他会怎么做?
- ▶ 如果他想得到更多人的认可,那么,这种"认可"对他而言真正的意义是什么?
- ▶ 他是想把自己塑造成某种人设吗?
- ▶ 他所打造的这种人是他最渴望成为的吗?
- ▶ 他是想给自己打造出一副强势者的形象吗?

以上问题都可能会成为导致强势者在谈判中表现出强势态度的原因。所以,在谈判之前,你一定要做好功课,争取对对手的强势做法了解更多,并且想办法找出对手会怎样运用强势的做法、什么时候用、为什么要用,以及他们动用这些手法想要达到的目的。

一个渴望得到他人认可的强势者会因受到对手的赞美而不断向对手让步。谈判结果依据谈判情况的不同也会有所不同,没有哪个方法是万能的。

今天你在谈判中所使用的诱导对手的方式不同,明天你能够获得的结果也是不同的,因为在这24小时里发生的变化因谈判方式的不同而有所差别。你的洞察力会帮助你做出决定,到底要不要让他(对方)暂占上风,这样,他就能够显示出自己处于多么主动、能掌控的地位上了。

对强势者的心态了解得越多,你就越知道该给他们哪些甜头,又该在什么时候、哪些事情上拒绝他们。拒绝对方,可能会使谈判获得更好的结果,也可能会搞砸你们的谈判。

所谓"使谈判获得更好结果",我的意思是让你从谈判中获益更大。

在一场谈判中,你是只能给自己增加一点微弱优势,还是能让自己大幅获益,取决于在谈判中你是占上风的一方还是落败的一方。假设一个人确确实实因为心脏病发作而急需心脏科医生救命,他绝不会开启"好奇宝宝模式",一个劲儿发问："这位医生给我看病要多少钱啊？除此之外我还能选择其他治疗方式吗？"他只希望能够尽快获得医治、脱离痛苦。

根据你自己在谈判中的处境，可以将任何有分量的筹码都握在手上不给对手，这样，对手就会先行动了。

身型

强势者的身型各有不同，他们之中，特别矮小虚弱的和高大威猛的最具杀伤力。例如，身高会影响到强势者的行为。下面我们来看一个纯属虚构的小故事，之后，你就能明白我的意思了：

> 神经外科医生安东尼奥·里佐在楼道里遇到了坎德拉·霍华德护士。"我想知道为什么我的病人到现在还没起床。都下午两点钟了，他现在早该起

来坐到椅子上了。"

坎德拉俯视着身高仅有五英尺一英寸（约1.55米）的里佐医生："大夫，您的病人必须要做个CT啊，这不是您给他开的方子吗？"

"我不管这些。"安东尼奥医生咆哮道，"他现在应该起床在椅子上坐好了。我要他现在就给我起来！你听明白了吗？"

"听明白了，大夫。"护士喃喃作答。

"还有，不许管我叫大夫，要叫我安东尼奥医生。"

坎德拉护士一进护士站，就低声对护士站里的秘书说："刚才小拿破仑又闹腾了一回。"

除了在偶遇护士时会训斥她们一番外，安东尼奥医生在手术室里一样也会大发雷霆，朝护士和技师们乱丢手术器械。另外，查房的时候，虽然护士长比其他护士更忙，但他还是一定要护士长陪着他才行。

安东尼奥医生就是一个特别典型的例子——他身高的缺陷导致他愈发强势。

"拿破仑综合征"理论所说的就是一些身型矮小的人会采用过度激进的行为方式来弥补自己身高的不足。所谓"拿破仑综合征",就是指身材矮小的人企图干出一番大事改变人们对他身材的轻视。(关于是否有研究结果支持这一理论,目前尚存在争议。)但如果一个强势者的心态特别受到自己身材矮小的影响,那么也许他会比身高正常的人更具攻击性,因为他的行为旨在告诉其他人:"可别想看不起我。"

身材高大之人,可能仅仅是因为他强壮威猛就会被看作是强势者。也许,人们认为强势者会以自己的身高优势为武器从气势上给人压迫感吧。特别高大的人的行为会被他们的自我防卫心理所操控,有时,还会令他们为自己的身高感到焦虑。有一个和我一起长大的女孩子,因为个子太高而得名"树"。因此,她会驼着背走路,让别人看不出她到底有多高。我还有一个朋友,身高六英尺九英寸(约2.05米),人们老是会问他一些逗小孩的问题:"高处的空气怎么样啊?"

让他深感厌倦。于是，他慢慢形成了这样一种待人接物的态度："如果你愿意跟我好，那你可以来接近我。但是不许来拿我的身高开玩笑，我才不愿意玩这种游戏呢。"在有些情况下，身高太高或太矮都会让人出现特别强势的行为方式。

一些心理游戏会让你能够掌握强势者的状态，这样，你就可以根据他的反应来有的放矢地对付他了。这种方法足以征服他，但也可能会让他更加想要挑衅你。因此，你有必要判断一下要跟他对抗到什么程度。

回到我们上文的那个故事里，手术室里的护士可以对安东尼奥医生说："如果你再敢朝我扔一个器械，我就立刻走人，你就自己在这儿做手术吧！"但从另一个角度思考的话，在了解了神经外科医生患有"拿破仑综合征"之后，你也可以选择用尊重他的方式来解决问题。"早上好啊，安东尼奥医生。您今天怎么样？我可就盼着今天能跟您做手术呢。"

在征服对方和"讨好"对方这两个极端方法之间，其实是存在着某种比较中庸的、更适用于对付强势者的做法的。

首先，你要记住，绝大部分的矮个子或高个子都不是强势者，人们对他们的看法和他们所处的环境决定了他们会怎么做。你一定要明白，一个人绝不只是从自己的角度去塑造自己，他也会根据别人对他身材等的看法来评判自己。

谈判前的准备

谈判前的准备工作，就像在给东西刷漆之前，要先刷上一层底漆。这层底漆会令你再刷上去的油漆黏合度更好、更持久。谈判前的准备工作则是要先想好你打算以什么样的心态去谈判，以及这种谈判态度所需的谈判技巧是什么。

根据谈判成果价值的不同，你可以采取各种不同的方法去了解对手。我们会深挖谈判对手的个人背景信息，然后从中找到其弱点所在。一旦找到了可以乘虚而入的那个点，就知道该如何跟对手谈判了。

你也可以用相同的办法来获得对谈判对手的更多了解，这样，你就可以让他看到与你合作对他是最有利的。你越了解对手的思路，就越能够预测他在跟你的谈判中会如何表现。

还有一种谈判者，他们的生长环境让他们自视甚高。因此，他们会怀着这种高人一等的心态来跟你谈判——这是他们从小就养成的行为方式。如果你了解他的情况，知道他是在优越的环境里长大的，你就可以采取一种对症下药的谈判方式。你要为此做好准备。一旦他摆出那种态度，大放厥词说你能力不如他，你就马上反击他。比如，你可以站起来，拍着桌子对他咆哮："你绝对不能用这种态度对我，否则，咱们马上终止谈判！"一边说，你还要一边用手指头凭空对他指指点点，就好像你要刺伤他一样。这个身体语言会增加你那番话的力度。这些就是你要在谈判前做好的准备。

但是，事先的准备工作千万不能让你产生出这样一种心态：就等着到时候使用谈判策略即可。

这会让你产生出特别不好的谈判心态，在谈判中只是坐在那儿被动地等待，等谈判的对手碰巧说了什么刚好是你一直等着他做出的某种反应，于是，你就开始"出大招"了。那么，对手就会琢磨："我说什么让他忽然发疯了？"因此，要对你准备的谈判策略小心运用，不要在没有必要的情况下出招。

弄清楚什么会扭转一个人在谈判中的方向，你就能知道和这个人谈判的准备工作该怎么做。所谓准备工作，就是你根据对谈判对手的需求和想法来提升自己谈判效果的工具。你应该时刻注意着对手的反应以便判断出你的准备工作在谈判中起了多大的作用。

训练小孩时，我们会用到一个方法，即当他们做对了时，我们会积极回应他们，以强化他们的正确做法。在谈判中，以强化某种行为积极回应对手也发挥了重要作用。不过，这么做也是有风险的。强势者会这样想："他又来了，又开始玩命夸我了。"因此，过度的积极强化会导致这种方法失效。要适可而止，毕竟它也只是我们在谈判中所使用的众多方法中的一种而已。

现在，我们再来看看与正面鼓励相反的做法吧。

最常见的一种情况就是当你小时候带着一份不如父母预期的成绩单回家时的情形。那时，父母会怎么对你呢？最经常发生的场景是什么样的？在绝大多数情况下，父母会什么都不说，或者说上一句"你还可以考得更好些"。父母可能根本不知道你为了得到这个成绩已经付出了很多努力了。你可能已经非常用功地提升那门课的成绩了，分数这东西，也许能够反映你的能力也许并不能。如果那时父母给予了你正面的鼓励又会发生什么事情呢？

谈判中，也会出现同样的情况。强势的对手可能觉得自己已经做得非常到位了，给你提供了各种优惠条件。为此，他还必须得回去跟老板打报告、让老板批准才成。但你却觉得是你自己的努力才迫使他让步的。因此，强势的对手会觉得你没有给予他应得的认可。

当你要运用"积极正面的鼓励以强化对手的行为"这个方法时，一定要注意怎么用和什么时候用。如果你用得太频繁,这个办法可就失去了它的效力了。如果这个办法失去了它的效力,或是远远未产生出它原本该有的效果(比如被接受积极鼓励的对手察觉到了),那么,它就无法对对手产生出应有的效果了。所以,请谨慎使用这个方法。

准备工作之事先排练

在一场重要的谈判之前,你需要多认真地事先排练,这取决于谈判的重要程度。如果只是为了一点蝇头小利进行谈判的话,那你就没必要进行排练了。不过,如果是为了一笔大交易的话,那你就必须全情投入,事先排练好,这样你才能做到对谈判中所要发生的一些细节更加心中有数。这样做了之后,你才能在正式谈判中发挥得更好。

在每一场谈判前,你都应该把它当成一场对你的整体计划至关重要的谈判来进行实战演练。如果你事先就知道谈判的对手是个非常强势的人,那么你就更应该好好准备谈判前的排练。强势的人绝对不会认为:"我去谈判的目的就是为了要和对手和睦相处。就算我看不到信任对手对我能有任何好处,我也要做到深信不疑。"

强势之人的思路与上述迥然不同,因此,在跟强势者谈判前,先行演练就变得更加重要了,因为你需要通过事先练习来弄清楚你得从哪方面入手跟强势的对手谈。思考下列问题可以帮你做好与强势者谈判的准备工作:

- ▶ 对方会通过什么方式迫使你屈服呢?
- ▶ 对方的行为会逼迫你不得不展示出自己的实力,反过来说服他、让他屈从你吗?你的实力是什么呢?
- ▶ 你需要多长时间能够整合起你的力量?你有多少力量能够用来对抗对手的反制措施?
- ▶ 在需要支持的情况下,你会采取什么策略?
- ▶ 强势的对手又会使出什么招数来反制你呢?
- ▶ 他需要花多长时间来整合起自己的反制力量?
- ▶ 如果强势的对手退缩了,又会出现什么样的情况?

▶ 对手会不会偷偷运作，以便他后面再对你进行反击呢？

与强势者谈判之前，先进行一下演练会让你发现很多问题，这就是谈判前排练的好处。排练要根据强势者的情绪状态来，同时，你也必须考虑到他可能会出现的一定程度的好斗和蛮横行为。

有些强势者会用某种方式让你充分领教他的实力并因此对他高看一眼。

在谈判前排练时，充当你对手的最好人选就是和你的真正对手或对方团队最相似的人。举个例子，在准备拳击比赛时，一位拳击手要跟一个和他真正的对手有相同特征的人对打才行。如果他的对手是左撇子，那么，他也要找个是左撇子的人陪他练习。谈判前的演练也是同理，这样，你才能知道该如何去对付你的谈判对手或对方团队。

要思考一下对手那个强势的团队是怎么个状况。团队里的每一个人都和强势者是一类人吗？他们和他的相似程度有多高？对方团队中的那个强势者能够对你的谈判策略有多少认知（如果你们是以团队形式进行谈判的话）？

在谈判中，你面对的可能只是一个人，也可能是一个团队中的一员，那么，你需要准备好不同的谈判策略才行。如果你是跟一个团队进行谈判，那么，在事先排练时，你就要想好这个团队中将会有哪些人出场，以及他们将会提出什么问题。

在考虑要如何运用那些谈判策略时，你必须要先弄清楚跟你谈判的对手的心态是什么样的。你既要能够预测到你的策略会如何发生作用，也要能够预测到对手会做出怎样的反应。在事先排练中，你要尽可能地为所有可能出现的情况想出应对措施，这样，你才能够做好准备去应对任何一种谈判情况。这样做会令你在谈判中发挥得更好。

根据你要面对的对手来选择陪你练习的人。假设他就是一个不好对付的人（拿他当个练手的人），让他摆出一副凶神恶煞的样子来，然后看看你能够忍他到什么程度。

排练时，你一定要多尝试几种方法才行，充分预测好当你选择不同立场时，对方会有什么样的反应——对于你的每一个行动，对手都是会做出相应的回应的。另外，你还要准备好应对在紧张谈判中发生的意外情况。

在排练中，当你研究谈判策略时，互联网是一个很好的"资源库"。你可以从网上找到陪你练习的对手，也可以上网去收集关于如何组建谈判团队的资源和点子。而且，你还可以看到一些历史上如何与强势者谈判的案例，以及在这些案例中，双方的团队中都安排了什么样的人。在任何谈判中——包括在事前的排练中——信息收集都是至关重要的一步，这个步骤做好了，你就能很好地给自己在谈判中的角色进行定位，以便谈判取得积极的结果。

通过对以上这些问题的思考，在与强势者谈判的模拟练习中，你会整合好要用到的技巧和策略。如果你能够尽可能地从强势者的角度出发，做多方面筹划，那么，你就能够为谈判做好充分的准备工作。

在排练中，扮演强势者的那个人必须深谙人际关系才行，这样他才能在排练中像强势者那样思考，准确预测出对手会对你的谈判策略做出何等反应。这个"强势扮演者"可以通过读关于强势者的书和去谈判训练机构接受训练的方式来为这次排练做好准备工作。在谈判训练机构中会有些全职谈判人员。如果你能和一个有心理学背景的人进行谈判前的演练,那么,他就可以在"如何理解人类言行"和"你在与强势者的谈判中该做何期待"两方面给予你特别大的帮助。

如何定义谈判中的强势行为

对谈判中强势行为的定义都是比较主观的，比如，一个人被你冠以"强势者"的名号，但他可能并不认为自己多么强势。

我曾担任过一个演讲组的督导，当时，我们必须要在一个指定的时间交上发言稿，但一个组员一拖再拖。最后，我给那个人发了条信息："这个发言稿是全组人的心血，但因为你没交你的那份报告，所以我们不得不加倍努力多做来补上你的那份，这样，我们的工作才能继续往下开展。"

后来，我收到了那个人的回复，居然还指责我攻击了他。

我心里想："天哪，跟我原本想说的话相比，我发的短信已经够温和的啦。"到底何为强势，要由参与谈判的人来定义。当你觉得这种行为对谈判造成了影响时，你肯定会以为这是一种强势行为，同时，必须正面质疑才可以。我所谓的"正面质疑"是指你应该马上问对手："你能告诉我现在这是什么情况吗？"如果你用这种语气来提出一个比较笼统的问题，那么，对手肯定会问："你什么意思啊？"这就给了你机会，让你能够收集到更多的信息看清楚对手到底是什么样的思路。

想要识别谁是强势者，首先，就要了解非强势型谈判者的正常谈判方式是什么样的。他是那种原本很愿意互相迁就、互相体谅，忽然就变得很有攻击性的人吗？在你把这种行为定义为"强势"之前，先搞明白为什么他变成了这副攻击性很强的样子。可以通过对他发问的方式来了解情况："好像情况发生了变化啊，你好像变得有点强硬起来了，这到底是怎么回事？"

如果对手这样回答了你的第一个问题（"这到底是怎么回事？"）："我刚才是有点凶。"这就意味着他已经察觉到自己的谈判方式了。

综上所述，谈判的对手是否强势，或者他会强势到什么程度，这取决于跟你谈判的是个什么样的人。你有多大必要把他逼迫你这件事提出来，则取决于你对谈判方向的判断。在有些文化背景和民族习俗中，那种强势风格可能会得到理解，在另一些中则可能会惨遭误解。

假设你问对手："你的行为太霸道了吧？"而对方回答："哦，没有啊。很抱歉，我绝对不是这个意思。"之后，你可能会看到他的言行变得比较温和了，因为他开始注意不要给你"他非常强势"的感觉。这个方法是谈判中一个很宝贵的经验。这就是所谓的"操控对手"！你可以利用这种方式来控制对手，你要做的就是装出唯唯诺诺、怯声怯气的样子来，然后再提醒他。那么，接下来他就会退让了。当你想要对手让步时，你就可以用这种方法来引导对手。

也可以观察一下其他谈判者是如何和强势者接触或如何

避其锋芒的，然后再思考：当你在谈判时，你将如何利用这些方法来回应对手。一定要弄明白这些宝贵的经验，这样，你才能够在谈判时用上它们。另外，明白了这些，也会让你在排练的基础上看清楚你将在谈判中处在一个什么样的位置。

如果你是和一个完全不了解的人进行谈判的话，那么，你可能就无法判断对手的行为。而在其他的情况下，比如，和你长期合作的人进行商务谈判，你就能够观察到，当你的某个同事被当面反驳或没有达到他想要达到的目的时，他是否已经出现了"强势式谈判"的行为。在这种情况下，如果你想要能够提前预测出某个人马上要出现强势行为了，在跟他谈判前，你就必须对强势者的思维方式有所了解才行。你对对手的了解程度要和这次谈判的结果能够带来多大的价值成正比才行。

如果你是在对对手的思路全然不了解的情况下跟他谈判的话，那么，请从谈判一开始就注意观察，找到一些线索来了解对手。

当他的行为方式发生了改变时，你需要能够注意到并且能知道是什么令他做出了这样的改变。还要弄清楚他行为的改变到底是虚张声势还是认真的，这样，也可以让你更清楚地知道该努力跟他往哪方面谈。

有了对对手的初步认识之后，你还可以通过问如下问题的方式来判断对手真正想从这次谈判中获得什么。如果他说："我必须尽快搞定才行。"那么，你就知道时间对他而言非常重要。随着时间一分一秒地过去，你观察到，他变得有点急躁起来了，于是，你就知道了，时间越紧迫，他会变得越有攻击性。这样一来，你就搞清楚了他表现得十分强势的原因所在。

现在，咱们再换个角度来看一下。对手从一开始就表现得十分强势，但你却全然没有注意到。他在想什么呢？你对他行为的回应令他愈发焦虑不安起来，因为你根本都没感觉到他强势，而他则想尽办法让你感觉出来他的强势。于是，他变得越来越强势，为的是能够让你察觉到他的强势。

是他的谈判思路促使他这样做的。这就给你提供了帮助，让你能够预测到他的某些行为，这样你可以更好地做好准备。另外，你也需要了解他来谈判的其他一些动机和目的。假设他的老板说了一句："上回谈判时，你对对手也太谦让了，这次跟外面的供应商谈，我希望你能表现得强势点儿才好。"于是，他整个人就怀着"我要让老板看看，我的谈判水平比他想象的高多了"的心情来跟你谈了，这种心态自然会导致他在谈判中的行为与下面这种情况大不相同：他老板说："你在上次的谈判中把供应商给吓坏了，这样也对咱们公司不利。这回你可以稍微退让一点儿。"

从谈判一开始，你就要对对手的心态有很好的了解：怎么才能改变他的思路，让他从你的角度看问题，这件事你能够做到什么程度？

操控对手和后门脱身

谈判时，时间可以帮你很大的忙，尤其是当你知道时间的流逝会给对手很大压力时。你可以通过减慢谈判速度或尽可能用沉默拖时间的方式来操控对方做出改变。

你也可以通过改变说话语速的方式来改变谈判的速度。

当谈判进展不顺利，而他又感到时间不够时，你就可以开始慢慢讲话了。如果谈判进展很顺利，你就相应地语速快点。用声音来影响对手，也是操控他思路的一种方式。

除控制时间之外，你还可以用身体语言：用眼睛盯着鼻子尖儿，表示你对他所说的话持怀疑态度。表现出对他说话可信度的怀疑是操控他思路的另外一种方式。另外，清嗓子也可以表达疑虑，它的意思是"我有点不知所措"。在谈判中，如果你俩是面对面坐着的，那么你也可以从桌边站起身溜达溜达，假装是因为颈椎有点疼，其实这也是一种身体语言的表达方式。

假设谈判陷入僵局，你已经正面应对他的强势谈判方式，可他不仅不收敛反而还变本加厉。那么，你就可以直接说："如果你希望这次谈判能如期完成，就请先搞清楚我对你的要求。我希望你能改变一下你的言行。那么，咱们是继续谈，还是就算了？"

如果你能够意识到自己只能花一定的时间在这次谈判上，那真是太好了。因为假如没有时间的限制，你心里越想多给这次谈判投入时间，就会越渴望它赶紧结束。然后，等你真的快要接近谈判尾声的时候，就会开始做出一些让步了——在你平时其他没投入这么多时间的那些谈判中，你绝对不会做出这样的让步。

所谓的"后门脱身",就是如何从谈判中脱出身去的策略。在你做出的谈判计划中,你可以采用"后门脱身"的方法来破解僵局。

"我敢说,我们今天是谈不出个皆大欢喜的结果的。下周再开会讨论一次怎么样?"当你做谈判前的准备工作时,也要考虑好谈到哪个节点上时就可以"后门脱身"了。

后门脱身策略也可以起到一些"其他效果"。比如,你说:"我现在觉得好像有什么事困扰着你,虽然我不敢很确定,但你现在的谈判方式在我看来似乎已经算得上咄咄逼人了。我没办法解决这个问题,你有什么见解吗,能够帮助咱们度过这个谈判危机?"通过让对方给出解决问题的建议,你可以了解到他看问题的视角和他解决问题的方式。这也是你在谈判陷入僵局时使用后门脱身策略的一种方式。如果你能够弄清楚他是怎么看问题,又是想用什么办法解决问题的,你就能够获得更多解决谈判中问题的方法了。

但是,你可能并不希望彻底把问题给解决掉,因为对手处于进退维谷的状态中,而且你知道他很想留下来继续谈判。你把他折磨得汗都流下来了。不完全把问题解决掉也是一种后门脱身技巧，可以让他做出大幅退让。

综上所述，使用后门脱身策略，既可以让你从谈判中全身而退，也可以化解谈判中的僵局，同时还可以暂停谈判，改定下一次再继续。它就像让汽车驶出主路的匝道一样，让你可以从谈判中暂时退出来。

用"紧迫感"来影响谈判——如果你对和强势者的谈判无法正确预判出一个具体的结束节点，那么，你在谈判中很可能会出现一些损失。使用"紧迫感"这个方法的前提条件是你知道什么能够触动对手——那个强势者。可以考虑这样使用"紧迫感"：就说这笔交易只能在你给出的时间之内成交。如果谈判的对手无法遵守这个时间，你千万不要同意延时，这会让你在谈判中显得立场不够坚定。但同时，在谈判中用紧迫感来给对手施加压力时也一定要谨言慎行。如果你这样说："只有今天一天的时间，明天就不成了！"那么，明天是真的就不成了吗？现在你该做什么呢？如果你可以用来谈判的时间是30天，那到了第31天时，你又要做什么？

强势者会用不遵守你给出的时间期限的方式来试探你。另外,他们还会用"物以稀为贵"的供不应求策略或用一定的时间期限来限制你的手段,在谈判中给你施加更大的压力。在谈判中,你一定要明白这些都只是心理战术罢了,这样,你才能不会受到沉重压力的折磨。如果你才是那个在谈判中设置时间节点的人,一定要注意,你所提供的时间期限一定要合情合理。

你也可以这样给定时间期限:"如果你能在这个时间内完成这件事,那么你就能获得某种利益。"这样比较有弹性的说法更便于你随时暂停谈判。你的强势对手会意识到:"他说只在这个日期前才能够成交,他说愿意给我某种利益,实际上也就是说,只要我能在正确的时间节点前做出正确的事,那么,我就能够得到我想要的。"

◆ 本章总结 ◆

对强势者的思维方式越了解，就越擅长和他们谈判。你必须要知道，对手会变得多么不理智？触发他变得不理智的那个点是什么？如果跟你谈得不满意，他又会怎么做？你还要想到，可能背后有某个人在控制着你们谈判的进程，指挥着你对手的行动。

和他谈判之前，你越了解他心里的为难之处，就越可能会在谈判中取得更加辉煌的成果——你俩喜获双赢。

◆ 家庭作业 ◆

在你的私人生活和工作环境中进行观察，看看谁比较强势。如果你没有过这种经历，那么，从电视节目或电影中寻找一些例子。

通过对强势行为的种类以及在谈判中不同风格的强势对手的不同行为方式进行更深入挖掘，在谈判开始前就可以更好地针对你要面对的那种类型的强势者进行准备了。

第二章

看透

解密身体语言隐藏的密码

> 身体语言会让强势者的心理活动流露出来。会解读强势者的身体语言，就能让你在谈判中占领先机。

当肖恩进入会议室时，第一眼看到的就是婕拉正站在房间的角落里双手合十地对皮埃尔大声说："咱们绝对不能接受那个客户提出的条件！他们也没资格让咱们修改协议，因为他们需要咱们，他们也知道这个！"说这番话时，婕拉的手指头简直都指指点点到了皮埃尔的脸上。"我绝对不能接受他们愚弄咱们！是时候该给他们提个醒了，他们非常需要咱们的服务，所以咱们绝不能把协议改得脱离本意。"

肖恩听了这一番对话之后，马上意识到婕拉现在是有多么焦虑不安。"我可不要成为那种脾气暴躁的家伙。"他暗忖道，"我估计婕拉是要失去那个客户了。"

身体语言会让强势者的心理活动流露出来。再加上用手指头指指点点，这些动作传达了婕拉的愤怒。会解读强势者的身体语言，就能让你在谈判中占领先机。在强势者的行为中，身体语言占了很大一部分。在本章中，我会介绍一些观察身体语言的细节，让你能够在谈判中占领先机。

面部表情、
喉部、手部……

　　强势者的面孔就是你透视他心理活动的一面窗户。请注意他们的眼睛，当他们用眼睛直视你时，就说明他们对你所说或所做的事情已经警觉起来了。再观察他们的瞳孔放大了没有。如果你离对方足够近，就能够注意到他的眼睛是如何变化的。变大了的瞳孔可以让强势者更好地了解周围环境、做出更多选择，瞳孔变大也可能是他们要采取某种行动了。

　　他有没有终止跟你的眼神交流？如果是，他是否想到了即将发生的情况呢？他迟疑了吗？他是怎么移动视线的呢？比如说，如果他是从左往上看，那么他是回忆起了过去的一些事情。"这家伙一直都窝窝囊囊的，现在是怎么回事，想要绝地反击了吗？"如果他是从上往右看，那可能就是在想："好吧，我现在该怎么办呢？"顺便说一句，如果他一个劲揉他的耳朵，那就意味着："我真不爱听你说这话。"

再来是观察对方的鼻孔。当鼻孔骤然张大时，说明他正努力把更多的氧气吸入体内，以便他表现得更加强势。

还有就是要细心观察对方的面部表情，尤其是唇部。他的嘴唇张开到了何种程度？嘴角是向上翘还是向下撇？他是眉头紧锁、满面微笑，还是紧盯着看呢？如果皱着眉头，那么他可能会向你发出这样的信息来进行试探："你不让我干我想干的（或我想和你一起干的）事，这让我很不高兴啊。"你可能也听过一句俗语："把紧皱的八字眉倒过来，就成了一个微笑。"如果他确实眉头紧锁，那可能会开始变得有点强势起来。他此时的笑容可能意味着："我是在试探你，看看你到底能答应我多少条件。"而紧盯着看这个表情处于高兴地笑和愤怒地皱眉之间,你也要注意这个表情,它是个比较中立的表情。

观察一下,看看强势者会如何运用面部表情来吓退你。他在做威胁的手势时会不会配上一张怒气冲冲的脸?如果是,就意味着他可能是在吓唬你。他这一番举动就是在试探你,看看他能把你的底线压低到何种程度。

考虑一下这种情况:在一场庭审中,被告律师正在对一名专家证人进行盘问。律师竭尽全力让专家做出让步,以便让案情有利于他那一方,但是专家证人却对自己的观点异常坚持。律师满脸通红,专家几乎能看到他的耳朵都冒烟了。最后,律师终于十分沮丧地坐回座位上去了,而那位专家证人则大获全胜。聘请专家证人的这一方律师打赢了这场官司。

在一场谈判中,任何律师都应该在提出问题前对对手的回答有一定的预估。这种"预估"会在对手答案出乎意料的情况下,帮助律师尽快调整谈判方案。

很多职业(包括律师行业)中都有这样一个流行的规

则："你绝对不能问那种自己不知道答案的问题。"当你和一个强势者谈判时也是这样。

如果你想要知道自己的努力能够达到何种效果，那么，首先脸色可以算透露强势者内心所想的一个线索。然后就是身体语言，身体语言从来不会因为某种目的而作伪，它都是心里怎么想就怎么做动作的。当身体出现不适时，身体语言会如实地表述出来，比如血液涌上了对方律师的脸，让他变得像甜菜一样通红。

当一个人情绪特别激动时，都会唰的一下子涨红了面孔。这种血流量的骤然增加，可能会发生在强势对手的脸上，也可能会发生在目标嫌疑人的脸上。从身体语言的角度来看，目标嫌疑人脸红可能就是他在认识到情况有多严重之后做出的一种反应。

你一看到强势对手的面孔开始泛红，就应该知道是你说的话令他有了如此反应。从谈判的角度来看，这可能就意味着你可以令对手做出退让。又或者，他脸红是一种警告，预示着他的情绪马上要失控了。不管是以上哪种情况，它都是在提示你，对手的思路已经出现了某种变化。

看到对方脸红之后，要更加注意观察他的其他身体语言。假设他是先握紧了拳头，然后涨红了脸，再把一只脚往前迈了一步，那么现在他就是已经做好了跟你斗的准备了。

在另外一个场景中，假设对手脸红了，然后却往后退了两步，让自己离你远点。你看到他把双手松开，摆弄着自己的手指头。这就暗示他正在努力安抚自己。"放松姿势"意指一个人正在安慰自己：一切都没问题。但这种姿势更说明他不管是从心理上还是从身体上都想尽可能离你远远的。他想从这个谈判场合中逃走。在谈判中，可以允许对手用逃走的方式来保护面子。

再考虑一下这种谈判策略的用法：当和一个强势对手谈判时，你看到他的脸唰的一下红了，意味着："接下来我可能对你表现得异常讨厌，也可以表现得十分友好。在这场谈判中，你想看到我的哪一面呢？"

这里提一下"微表情"这个概念。所谓微表情，就是在脸上停留不足一秒钟的表情，但是它却可以向你透露出对手最真实的心理活动。微表情包括：

- 睁大眼睛，让自己能够看到更多东西，这是大感兴趣、心生警惕、万分惊讶、无比震惊或满心沮丧的表示。
- 呼吸加快，这是对手在变得更加强势之前，先行表达诸如愤怒等情感的方式。
- 两条眉毛同时抬起，意味着对手感到恐惧。
- 噘嘴巴、皱鼻子，都表示对手感到恶心（比如闻到了臭味时）。
- 睁大双眼、眉毛高挑、嘴巴大张，意味着对手感到十分惊讶。
- 撇一下嘴角，表达对手十足的鄙视之情。
- 两个嘴角都往下撇，同时眼睑低垂、目光失去焦点，表示对手现在十分悲伤。
- 嘴角上扬、满面笑容，则说明对手十分开心。

喉部

观察强势对手的喉咙处有没有在做吞口水的动作。如果有，就说明他开始感到有点紧张了。如果你察觉到他感到不太舒服，就可以做如下两件事：第一，减慢语速，放缓谈判速度，这样可以尽可能缓解对手的不适感；第二，你可以跟他说，你觉得其实还没有准备好在目前这个环境里进行谈判。这样说可以倒逼对手发问："你为什么这么说啊？"然后你就可以回答："因为我觉得谈判好像变得有点紧张起来了。"注意到谈判中双方的情绪，你就能够缓和接下来对话中的情绪。

对手用手揉脖子也是一个信号，表示"你可太让我讨厌了"，在谈判中，这是很有可能发生的。当你们谈到一些让人很惊慌或颇具挑战意味的内容时，你就会看到对手开始揉他的脖子了。这时，他可能是在想："他到底想让我答应他什么条件啊？我已经满足他一切要求了，真够可恨的。"

手部

除了观察强势对手的面部表情外，还需要注意他的手部动作。他有没有把手伸向你？如果有，那就暗示着他要对你下手了。

他有没有握紧了拳头？如果有，这意味着他准备中止谈判了。他有没有把两只手紧贴在两边的裤线上？如果有，他可能觉得自己刚刚跟你说的话有些太过分了。

拍手可能意味着已经做好进攻的准备了。如果他开始快速拍手了，那就是一个很明显的信号，意味着他已做好和你"战斗"的准备，马上就要对你"开战"了。

强势对手的手也可能会变得通红，这也一样是个警示信号。你越对这些细微的生理变化留心，就越能够敏锐地察觉到现在到底该退让，还是往前一步。

强势对手跟你握手的方式也能传达出一些重要信息。如果你俩的手是握住一起摇，就说明你们俩是平等的。但是，即使如此，后松手的那个人往往会成为真正能够控制谈判的那个人。如果是我抓住你的手带着你摇，那就说明是我控制你。因为是我在控制大局，所以是我决定什么时候该握起手来。

如果握手时，是一方的手在上一方的手在下，上面那只手则是在显示："我是那个处于掌握权力的人。我已经发现这一点，所以，我会把你控制住。"而下面那只手则表达了这样的意思："你想怎么对我都行。"

在谈判前或谈判中的双方握手环节中，是有一些技巧的。比如，当谈判陷入僵局时，有一个可以试探对手的办法，就是对他说："看来这回谈话是白费事。"然后站起身，伸出手去握住对方的手，这时，你就可以注意一下此时握手与谈判开始时第一次握手有无什么不同了。握手可以将一个人此时此刻的感受用非语言的方式表达出来，它虽然只是一个很小的信号，但在谈判中却是非常有价值的。

躯体

在观察强势对手的脸和手的同时，也不要忽略他身体的姿势和站位。他站得离你有多近？是脸对脸地正面对着你吗？如果是，那就说明他比侧身面对你时要表现得积极强势多了。如果是侧着身子的，则是在向你暗示："我就是来看看情况的，其实我还没有做好正面跟你谈的准备。"

如果强势对手一直抚摸腹部，则说明他觉得在这个场合里身体蛮不自在的。

足部

强势对手的脚也会显示出他的心态和思路。他的脚跟你平行吗？如果是，那他所传递出的信息是"我已经准备好要控制你了"，如果他把一只脚伸向另外一个方向，跟你的脚不平行，说明他没那么有把握。

另外，当强势对手朝你走来时，你也要注意观察。他是一边走近你一边做着威胁的动作吗？如果是，那就是在暗示你，你要警惕他的动作。如果你这时后退了，那你就是允许他侵占你的空间了。这样一来，你就等于是给对手开了绿灯，允许他变得更加强势。如果你真想表现得不那么害怕，那就迎着他更向前一步。这不仅是一个向对方展示你不害怕他的信号，而且还告诉他，不管他怎么强势，你都会反过来"回敬"他的。

相反，如果他一只脚或两只脚没有朝向你站，则暗示他已经做好了一有机会就尽快从这里逃跑的准备了。如果你想要摆脱他的话，那就给他一个机会。千万别说什么把他逼急的话，也不要做类似的事情，因为你无法预测一个受到侮辱或走投无路的强势对手会变成什么样子。

身体语言

观察一下对方的身体语言是否和他嘴上说的一致。例如，当强势对手捂着嘴巴说："我要给你点颜色瞧瞧。"那么，通过他捂着嘴的动作就可以看出，他是想强压着不要说出这句话。他希望能够尽量把这句狠话说得柔和些。另外，这个动作也可能意味着"我不喜欢你刚刚说的那些话"或者"我其实并不相信自己刚才说过的话"。

预测身体语言

跟一个强势对手交涉时，要牢记最重要的一个原则：在开始谈判前，你就必须要弄清楚，在每一种情况下，他都会做出什么样的行为。要能够预判他会做出什么样的身体语言，然后你又该如何回应他。假设根据过去和他谈判的经验，你判断出他会在一开始的时候就特别强势，那么就说明他是在用这种方法来试探对手，暗示对手该怎么做："如果你不肯跟我做这笔交易，后果自负啊。"

你了解这是他的谈判开场风格，因此，你就应该回答道:"我才不在乎呢,你当这是吓唬谁呢?"从他的谈判风格判断,你的回应很可能会让他退缩回去。

你还可以选择另一种回应他的方式,就是示弱。你可以说:"咱先看看能不能做成这笔买卖,您先跟我说说您的想法吧。"如果你的口气比对手预估得要好,那么他可能就会想:"这个家伙正是我怎么说他会照着做那种啊。"于是,强势对手就把他的谈判计划详详细细地告诉了你,让你了解到更多内幕,因此更知道该如何对付他了。要确保你的身体语言也要和你的话相符,加深强势对手对你所说的话的信任,或者是相反,这取决于你计划如何使用肢体语言来打击对手。

你故意示弱,也只是为了看看对手在谈判的下一步中会怎么做。因为对手可能会根据你表现得强势还是胆怯来做出回应。有时所谓胆怯,不过就是用示弱来掩饰自己的实力罢了。

谈判刚开始，就能解码身体语言

▶ 如果已知对手非常强势，要在谈判一开始时就对他的身体语言特别注意。

▶ 谈判刚开始时，对手会面带友善的微笑吗？

▶ 谈判进行一段时间之后，他的态度有了多大的改变？

▶ 你能否精确判断出他使用了什么样的身体语言来显示他的强势形象和战术？

▶ 他会说反话吗？

强势对手的战术有千万种。要观察他如何先用其中一种方式展示自己，然后等谈判开始、你参与进来之后，又换了其他的战术。如果他确实改变了战术，那么你要知道，他这么做是按照他原计划来的呢，还是受你影响，临时改变了策略。

判定谈判进展

如果必须赢得这场谈判,一定要事先弄清楚一些情况。比如,你感觉你的强势对手已经变得安分,开始做出退让了,你就琢磨着:"我从没想到他真的会这么做啊。"然后你就愈发逼迫起他来,他也如你所愿又退了一步。突然,他猛地把双手拍在桌面上咆哮:"够了!"这是一个非常明确的信号,告诉你要赶紧结束这场谈判了。

这个身体语言是一种"微表情",所谓微表情,就是对方在不到一秒钟之内就下意识做出的一些反应。其实强势对手并没有真想要拍桌子。他之所以这样做是因为他一直退让令他的情绪冲上了沮丧的顶点。

这么说吧,强势对手一直都是面带微笑地听着你一个接一个地提条件,这就令你错过了关于他情绪变化的一些小提示。你一直都忙着提要求,根本没顾上停下来听他说到底同意还是不同意。其实你早就应该注意他的所谓"微笑"了。你不让他说话,因此就引发了他拍桌子的后果。

如果你错过了一些对手用身体语言释放出来的信息,能做的就是尽快停止再提条件。比如说,你希望对手能够满足你十个条件。他面露狡猾,微笑地问你:"就这些了吗?"你回答:"还没完,我还希望您能……"然后就开始提出更多要求了。

等你终于说完了,他回答说:"谢谢你跟我说了这些,但我没办法答应。"这就是由于你没注意他脸上的表情,没有及时停止提条件造成的。

在你对对方提条件时,要观察强势对手的一些小动作,比如抱着胳膊,或者是把手掌按在桌面上——而不是手心向上地摆在桌子上。双手分开说明他已经对你敞开了心扉,而把胳膊交叉抱在胸前则说明他对你存有戒心。如果他站起来了,可能就说明他已经受够了,或者是他需要中止谈判休息一会儿。

以上这些都是身体语言向你释放出来的信息,看到它们出现,即使你不做出退让,也至少改变一下你对正在讨论的内容的态度。问问自己:

- ▶ 为什么我们要谈这些?
- ▶ 我们的谈判想要取得什么样的进展?
- ▶ 他为什么要做出这样的身体语言?

要注意他用动作表达出的一些意思,这样你可以理解他对谈判的想法以及由此做出的一些反应。

如果注意到了这些信息,你就不仅获得了让自己了解他想法的一些线索,还能够了解到他的谈判思路。通过仔细观察他做出的每一个动作,你可以更好地知道,你们的谈判已经进行到哪一步了。

还有一个通过语言释放的信息,你也一定要留意:他对你把话说到了什么程度。比如,他挨着你特别近地说话让你感觉有点紧张,于是决定提醒他注意一点儿:"稍等一下啊,你离我太近了,我现在都觉得有点不舒服了。"

如果听到你这么说,他的回答是:"咳,没事了,别担心这个。"

这种情况会发生在当汽车销售听到你说对目前的报价不满意时,这时他就会急忙凑到你身边来。等你说出了自己的想法,这位汽车销售就会马上接上话茬:"你什么都不用担心,我会好好帮助你的。"

事实上,他是用夸夸其谈抢占了你在交易中的话语权,不给你说话的机会,这其实说明了他根本就没有很尊重你,只是对能否卖出去车更关注罢了。要注意的是:无论是语言释放出来的信息,还是动作释放出来的信息,你都要加以注意才行。这些信息会告诉你,在这次谈判中,对手把什么看成最重要的东西。

你需要让强势对手感受到你对他的身体语言加以注意吗？答案是：这取决于你想要在这场谈判中有个什么样的结果。如果你不希望对手注意到你对他的身体语言特别关注，那么当某些信号出现的时候——比如他咽了咽口水，或者斟酌自己该怎么表达时，你可千万不能说什么。一定要记住，强势对手可能会故意用身体语言释放出一些信息，这也是他的谈判策略之一。

进一步观察

在本书的第一章中，我已经详细叙述了身体语言是如何增强表情达意的效果的。如果一个强势者站在离你只有15英尺（约4.6米）的地方做一些愤怒的手势，那么你就知道现在离他的暴怒还有一点时间。如果他是站在离你只有几英尺的地方做同样的手势，那么情势就已经非常紧急了。他之所以离你这么近，是在暗示你，他想要逼你后退。

强势对手可能不会公然地表达出愤怒的情绪。这种人都是怀着坚定的"一定要按我自己的想法来"的决心来谈判的，对自己的要求无比坚持，根本不愿意跟对方好好谈条件。他会采用很有气势的谈判方法在谈判中对你进行打压。但如果你是通过电话或电子邮件来跟他谈，那么，他能对你产生的影响可就小多了。

强势对手在谈判中碾压你的手段可能无非就是对你提出的要商议的内容保持沉默，不做回应。他要表达的就是："我就让你在那儿自说自话，自己跟自己玩吧。"

你可以观察到的另外一种非语言信息就是，如果你们是面对面谈的，那么，你们交谈的速度如何？对手有没有减缓或加快他做出回应的速度？即使对方的话里没有威胁的意思，但他有没有在说话时做出威胁的手势？

要学会看懂各种不同的情况：哪种方式在一种谈判环境中管用，在另一种谈判环境中却没什么用？比如，你收到了一封特别带情绪的邮件，让你能够想象出发件人那张眉头紧锁的面孔。或者，你从电话里的语气就能听出那个人肯定是眉头拧得紧紧的。如果你们是面对面说话,那你就能够一眼看到他满脸通红、眉头紧锁、双拳紧握且摆出个要打架的姿态。这就能够帮助你判断出他是不是真不高兴了。你可能还会注意到他脸上一闪而过的微笑,告诉你他其实根本没像他在谈判中所说的那么生气。

身材和体量的影响

使用身体语言释放信息时，身材是至关重要的一个要素。如果一个人的人设是"强势者"，身材却比较矮小，那么他就会释放出"高大身材也不会吓住小个子"的信息。

就像小个子站在大个子旁边一样，小公司也可能会站在大公司面前接受挑战。

我们都同情弱者，因此，那些惨遭大公司碾压的小公司往往会收获公众的同情："你这么做，会让你给人一种什么印象呢，大怪物吗？"这些小企业可以利用公众同情心，让这份同情成为自己制衡大企业的杠杆。

因此,一定要把双方的体量考虑在内。规模大的公司或身材高大的人需要问问自己如下问题,以评估万一规模小、身材瘦小的一方不肯退让,会给自己造成多大的风险:"还有我没看到的东西吗?"你对自己的定位、所采取的态度,以及怎样设置自己的人设,都在谈判中起到了至关重要的作用。绝大多数情况下,当跟强势对手谈判时,你都应该尽量让自己处于上风。准备得越完善,你的谈判就会进行得越顺利。

制服强势者

警务人员可能会遇到为了解救人质而发生争执的情况。犯罪嫌疑人肯定想掌控局面,开口要求给他100万美元、一架加满油的直升机,并且要保证他不被起诉,这样才肯放人。双方的交涉围绕着这些过分的要求展开,直到警务人员把对手控制住了,并且确保人质安全脱险才行。

截断模式是从军事策略中演变过来的。它是以包围敌军、截断他们的撤退之路为目标。在跟绑架人质的人交涉时,警务人员可能会通过给绑架者断电断水、停供食物的方法来制服对手。这样做是为了给对手施加压力，让情况变得更加危急，以便使绑架者意识到他们已经把握不住局面了。这种策略的使用，通过对绑架者施加不可抗拒力，给他制造无法克服的困难，目的是把人质解救回家。

谈判中的强势对手所采取的策略和绑架者类似。因此，有些在解救人质的过程中截断后路的战术也可以用来在谈判中对付对手。

定义对手实力

有时候，如果谈判没谈拢的话，强势对手会使出向你展示他实力的招数。在广为人知的2017年4月美国联合航空公司强制四名乘客下飞机事件中，因为有四名机组乘员要乘坐一架已经满员的飞机，在他们要求让位后并没有自愿把座位让给他们的乘客，于是他们随机挑选了四名乘客让位。其中三位下了飞机，但第四名乘客是医生，由于次日还需要出诊，所以他拒绝下飞机。

有三名芝加哥机场的警察也参与到了这场"强拖秀"中：一个大块头男子站在狭窄的机舱过道中拖拽那名乘客大卫·陶医生。那位医生面对这种体力上的悬殊对比，仍是满脸抗拒的表情，说明这种靠大块头来恐吓的方式根本不管用。有一名乘客拍摄下了陶医生在拒绝让座位后被警察强行拖下飞机的情形。陶医生不仅牙齿被打落了，鼻骨被打断了，而且还被弄成脑震荡了。这次事件对美国联合航空公司造成了巨大的负面影响，其股票更是一泻千里，他们只得改变了超额售票流程，并且迅速对陶医生进行了赔偿，但赔偿金额没有公开。

在和强势对手谈判时，你也许会说："稍等啊，咱们看看该怎么做才能达到双赢。"但要注意，当所面对的那个对手是个拥有压倒性实力的家伙，你又该如何定位自己。看看你能否通过谈判来让自己摆脱弱势地位。

你的身体语言同样重要

本章写到这里，我一直都是把重点放在强势者的身体语言上。那么，现在咱们反过来说，假设你在谈判桌上面对的那个人特别强势，你应该用什么身体语言和他交流呢？在那种环境中，如果强势对手身体前倾，那么你也应该身体随之前倾。假设他对你提出了一个威胁对手的最后通牒性说法："要么成交，要么拉倒。"说这话时还做出了俯身向前的动作。你可以同样俯身向前，然后说："我猜我只能选择拉倒了。"请注意这句话的用词。

请注意你要像一面镜子一样，他做什么身体语言，你就也做什么。你用这些动作和语言告诉他，你几乎是跟他一样强势的，而且对这次谈判绝对上心。但这么做的时候一定要小心谨慎，因为这样可能会导致谈判陷入僵局。

考虑一下这种情况：有一个人是个性子随和也很能迁就的谈判者。在这种情况下，当他俯身向你，然后说："你知道，我恐怕这已经是我给出的最好条件了，如果你还是不能接受的话，那么我们可能就没办法谈出一个好结果了。"

他的说话语气和行为举止都特别温和，于是你决定做出把身子往后一靠的动作来向他表示你对这次谈判能否取得进展没什么太大兴趣。在谈判中，你该做出什么反应，这要取决于你在谈判中的立场和你希望怎么去影响对手。你斜靠在椅子上的同时，还可以说："我不太清楚，不过你能看出我们还有什么其他可能性能够让这次谈判更（说到"更"字时，身子开始慢慢往前倾）成功吗？"随着你前倾的动作，同时说出"更成功吗"几个字，把一些信息用非语言的方式传达出来，用身体语言和文字语言同时传达出你打算努力让谈判成功的信息。

你的谈判对手可能会下意识地注意到你在说"更"这个词时所做的身体前倾的动作。即使对手只是在下意识中注意到了这个动作，它也会对他的思维造成影响。你说话时要用跟他一样的音高和语速，让他在尚未察觉到这一点的时候，潜意识里已经有了你跟他很相似的印象。

所谓"亲近法则"，就是"人们会喜欢那种跟自己比较相似的人"。不管你的谈判对手是个很强硬的人，还是个性子随和很能迁就的人，这条法则都一样适用。你的身体语言暗示了你的关于"我想在这次谈判中获得什么"和"我能在这张谈判桌上答应对方什么条件"的想法和观念，强硬派对手可能会说："我觉得如果你不能接受我们提出的要求，那么我们今天是无法谈出一个让人满意的结果的。"这时你该做的是什么都不要说，立马收拾东西准备走人。

注意一下，他让你往门口走了多远才开口跟你说话，或者是他压根什么都没说就让你走了。如果他什么都不说，那就是他的身体语言已明确表达让你走了的想法。注意这些，至少可以让你弄清楚自己的立场。

另一方面，请记住你千万不要对他做出回应。你心里要一直绷着这样一根弦：按兵不动也是一种行动方式。你不回应的这个行为就是在告诉他："我听见你说的话了。"——你至少要让对手知道你听见他说话了才行。在往门口走的时候，你可以边走边说："如果这就是你能给我的最好条件，再加上你又说咱们这次谈判没办法找到一个双赢的解决方案,那么我也同意你的意见,我就先走了。"

你的身体语言可以增加你说话的信息量,让你说的话比下面这种表述更加有力量:"看来这次谈判是谈不出什么结果了。"你要跟对方说清楚的是:眼下没什么值得再谈下去的了,所以你不考虑再继续谈了。

核实强势对手的思路

了解强势对手的思维方式是非常重要的,同时,还要确保你对他思路的看法是正确的,这样才能够预测你行动后他会有什么样的反应。如果在通过某一特定方式刺激对手之后,你能够预测出他接下来会怎么反应,那么你就能够更好地掌控你们的谈判了。举个例子来说,假设你通过身体语言暗示对手你是一个不爱挑衅的人。他听明白了你的意思,就会以为他可以利用你这一特点在谈判中对付你了。

因为你知道他是怎么看待你的,所以你就可以放任他这么做。你可以故意引导他的思路,让他以为你真是个在谈判中毫无威胁性的家伙。然后,通过看他怎么利用你无威胁性这一"武器"来对付你,你就能够弄清楚他的谈判策略是什么了。随着谈判的推进,你决定不再如此表现。于是你把说话的声音提高了几分贝。你的强势对手就会想了:"等等,看来我用错了方法。那么我所采用的其他的谈判策略和我对他听了我说话之后会怎么做的预估是不是也都错了呢?"

你对对手的思路越了解,你就越能够更好地对他做出口头和行动上的回应,以便在谈判中战胜他。

我去一家汽车经销店与销售经理交流(我们就管这家店叫A经销店吧),在他跟我介绍这辆车的所有优点以及别人对我开此车的看法和这辆车都有什么优惠时,我注意观察着他的身体语言,只见他面露微笑,偏着头,注视着远处。他的一只手凭空横扫挥舞着,这是在暗示如果我开上了这辆车,人们对我的看法将是"我所向披靡"的那种。我也知道他是想要通过给我描绘这张美好愿景的方式来让我感觉良好。但他都懒得问问我,觉得汽车的哪方面对我而言比较重要，这个行为就告诉了我，他根本就不在乎我到底想要一辆什么样的车。

汽车销售经理的这些言行让我了解到了他的思维方式。因此，不管他把这笔交易说得多么划算（而且他还一直给我降价呢），我还是不想买了。我几乎是木呆呆地坐在那儿，小心翼翼地在脸上挂着一个不说好也不说不好的表情："嗯嗯，好吧，都行。"我坐在那里，把手贴着身体，这一身体语言就传达出了这种敷衍的意思。当时我的双腿是交叉着的，只可惜他看不到这个。我就听凭他滔滔不绝。最后，他说："现在就是最优惠的价格了。"然后就开始列举他给我的每一个优惠（可他连一次都没有问过，我到底想不想买这辆车）。我从他的行为中看出，他是下定决心一定要把这辆车卖出去的，所以我就倒逼他说服我，为什么我一定要用最低价买他这辆车。

话说到这里，就是确定要开始谈判了。汽车销售经理说他已经给了我最优惠的价格，而这个价格比他最初给我时低了很多，这令我特别高兴。

在谈判时，你一定要知道到底多好的条件才算得上"好"。在我同意跟他成交之前，我还要再确认一下他是否真的已经给了我最优惠价格。想要验证的唯一方式就是通过其他渠道获取信息进行确认。之前，我已经认识了另外一个汽车经销店（B经销店）的销售，我真是很感谢B经销店销售的坦诚相告。

我有理由相信他，我们的交情经受住时间的考验。有一次当我带我的车去B店修理时，售后服务部的员工告诉我如果我再把这车多开一公里，它就报废了。我觉得这有点夸张，但他们给我描述的那种情况确实蛮可怕的。我跟B店的销售说了售后服务部跟我说的话，他哈哈笑道："格里戈，真对不起啊。售后的那帮家伙不过就是为了让你来修车罢了。"他说："你再把那车开上十万公里也没事的。"我说："谢谢你啊。"从这以后，他就用他的坦率和我建立起了信任。

我再来讲讲当时我跟A经销店的销售经理买车的后来事情吧。我给B经销店的销售打了电话，告诉他我要买车的事。他上电脑看了一下这辆车的价格，然后给我回电说："格里戈，你这车买得太值了。如果我是你，我立刻就跟他们成交。我们不可能再有比这更低的价格了。"我对他的诚恳表示了感谢，然后从A经销店买了这辆车。但我也对B经销店的销售有所表示：我握着他的手，给了他100美元，以示我的感激之情。这是我维护忠诚和信赖的方式。（如果你也找到了这样的资源，那么，你一定要维护它。）

强势对手的行为会流露出他的想法。你一定要一直记牢这一点。别听他说什么，要看他做了什么。他所做的事会比他所说的话更真实地反映出他的想法。

从对方说的话里寻找线索

说话时的语速和声调是一种特殊的身体语言。说话时的语速是一个语言线索，让你能够了解到他的思维过程。如果对手一张嘴，语速就比他平时快很多——请注意，比他平时语速快很多这句话。是什么导致他一下子就说话快了？

比较缓慢的语速说明对手还在思考。对手正在对你所说的话进行分析，看你所说的是不是比他之前所说的要过分得多，以及这样一来是否他的强势做法就可以显得温和一些了。

注意听你谈判对手说话时的语音语调。在一句话说完时被往下拉的声调，比他正在努力提出的观点更能反映出他真实的想法。如果他在说到一句话末尾时把声调挑了起来，那就说明他想让这句话显得像个问句。

有这样一种情况：如果一个女性感觉另外一个人对自己特别强势的话，那她一定要注意对手说话时的语速和声调。此时最重要的是，那个女性应该赶紧说："你最好马上停止那么做。"说这话时，使用低沉严厉的语气比连说带笑的要管用多了。因为前者会比后者更能给那个强势的人留下深刻的印象。那种心情轻快、笑嘻嘻的语气会令人以为你的意思是："我其实并不想你停止这种强势行为。"

如果你是想传达出很坚定的意思（尤其是当妇女遇到强

势的行为时），一定要坚定有力地说："快给我住手！"请注意，说这句话时你只用了几个字："快给我住手！"这是下命令式的，而不是"如果你再不停下来的话，我们俩可就要发生矛盾了"。在被对手用极强势的态度对待时，如果你真想让对手赶紧住手，那么，你所传达出的信息就必须掷地有声。

用身体语言向对方传递信息

接下来咱们讲一讲，当你跟强势对手面对面时，他说："咱们在一个小时之内必须成交才可以！"语气和语速都传达出想要给你施加压力的意思。这令你下定决心不回应他的话。这时你可以阅读一些与这次谈判无关的资料，然后，再把你所读的资料放到一边，往椅子上一靠，双手交叠放在脖子后面，显示出"我可以掌控局面，我正在思考，我一切都很好"的状态来。同时，你可以敷衍了事地用"嗯嗯，噢噢"一类的话应对强势对手。

这样一来，你的强势对手就会琢磨了："等等，你说'嗯嗯，噢噢'是什么意思？我刚刚说的是谈判时间的问题。可你只嗯嗯啊啊地应付了我两句，显然是根本没认真听我说话啊。搞得就好像世界上所有时间都是你的似的。"你所有的表现都告诉对手，你根本就没用心跟他谈判，也没好好听他说话。你的这种反应可能会激怒你的强势对手。如果这正是你的目的所在，那你已经成功了。

考虑一下，你可以怎样使用身体语言来不出声地跟你的强势对手作斗争。假设强势对手说："咱们得赶紧谈完才成，因为谈判结束的时间快到了。"那么，你可以从椅子上往前挪挪，然后回答："我同意。"看看接下来对手又会说什么。这样一来，你就又把对谈判速度的控制权塞回到了对手的手里。你这么做，就可以清清楚楚地看到对手会把谈判谈到什么程度，或者在你认同他的意见之后，他接下来又会怎么做。

坐在椅子上把身体往前挪挪，这个身体语言的意思是："我在注意听你说的话。然后呢？你接着说啊。"如果想要加强这一身体语言的"语气"，你还可以迅速坐直身子，然后秒回答:"我同意。"你的反应简明扼要,回答得也十分迅速,这表示你也意识到了谈判时间的问题。你认同对方的观点,也愿意看看他接下来准备怎么做。

强势对手说:"我要你现在就在虚线上签字,让这笔交易成交,这样我们俩就都可以高高兴兴地回去了。"在这种情况下,我会使用如下策略——当谈判的对手希望我们俩能高高兴兴地成交走人,那么,我会回答:"我先问问你,如果这笔交易不做了,你能接受吗?"如果对方说:"嗯,我可以接受。"那么,这个问题也有可能会害得自己掉坑里,因为强势对手把是否成交的权利又推回了你的手里。

假设这笔交易的利润是四六开的,你的强势对手占了60%,而你只占了40%。现在强势对手说:"好吧,如果我可以接受我只要40%的利益,给你60%怎么样?"那么你的下一个问题应该问:"你果真能那么做吗?那我就签字。"这样一来,强势对手就会意识到他已经处于下风了。你把他诱进了陷阱里,他现在必须寻找一条路让自己逃出生天。你现在需要做的就是观察他会怎么做。"你知道我不可能真答应这个条件的。"他回答。

"那你又怎么可能希望我能跟你成交呢？"你用一种更强硬的语气问，问问题的同时还用同样的态度把双手一摊。强势对手如果想推进谈判的进展，那他就必须先把你眼下提出的问题给回答好。

说话时要字斟句酌

当你跟强势对手谈判时，一定要注意选词择句才行。

你要怎么回答对手，使用什么样的身体语言，这都取决于你希望接下来的谈判往哪方面发展。你所使用的谈判策略会显示出你将变得更加强硬，更好说话，还是希望谈判能够完全朝着你的目标进展。

你的强势对手可能会说："咱们谈得可真够费劲的。我觉得咱们已经成交在望啦。"你可以对他笑答道："我同意。咱们谈得真是超级费劲。你是个很难搞的谈判对手啊，我的朋友。我可喜欢那种能够稳稳坚持住自己的立场，在谈判中把对方往自己这边带的人了。"

请观察你的这种回答能够把对方夸到何种程度。你的话也承认了一个事实：他刚才说的话是对的。你也可以用反语和很多示弱的词句来表达同样的意思："你知道吗，说心里话，我觉得你真是个难搞的人啊，但是，有时候跟一个特别难搞的人谈判虽然辛苦，却也能够谈出个好结果来呢。"下面我会罗列出一些你在谈判中需要避免的词句。

- 我想我可以做到吧。
- 如果我们这么做，那么也许可以实现那个目的吧。
- 我也不知道往这方面谈对不对。
- 我想我是做不到的吧。

以上这些话会显得你特别弱势，应该换成如下语言：

- 我们能够做到。

- 这是我可以接受的。
- 我们应该往这个方向谈。

用肯定句说话，会比"可能""也许""估计能成"一类的语言让你的话更显得坚定有力。如果你的谈判策略不是装弱，那么一定要采用准确、肯定的语言。

注意你的行为方式

现在，咱们来思考一下，在跟强势对手谈交易时，你应该采用怎样的行为方式。当你想要采取某一种行为方式时，它必须有助于你赢得谈判才行。

你也可以尝试做出一副顺从的样子，看看你的强势对手又会有什么表现。如果想要显得顺从，你可能就要在说话时表现得羞涩一点儿才行，还可以故意做出身体蜷缩抱成一团的身体语言。你在说话的时候，要做出双手紧贴身体、双腿并拢、双脚收回的动作，同时说话的声音要温柔、打手势的幅度要小。这样一来，强势对手就会认为你是想要对自己的计划保密。于是他就会开始猜测了，琢磨你心里到底在想什么。这会分散他的精力。

一定要始终牢记模仿强势对手言行的方式。这么做会让你察觉到对手到底是怎么想的（这就是所谓的"通过动觉来观察"）。如果你真的对他很用心的话，可以渐渐搞懂他的思维过程和他接下来想要怎么做。这样一来，你就可以看到你的行为将如何对他产生影响了。

- ▶ 他接下来做了什么呢？
- ▶ 他是变得比较心平气和了吗？
- ▶ 还是变得更气愤了呢？

然后，重新对受你影响后的他的行为进行评估。你是否收到了你想要的结果呢？强势对手的反应是你事先预想的那种吗？他这种反应，到底是真的，还是装出来骗你的？

你的强势对手也很有可能会误读了你的身体语言。当你察觉到他有所误解时，又该如何纠正他的看法，让你所做出的身体语言更加有效呢？可能第一个问题就是：你该如何知道对手误解了你的身体语言？你过去应该看过动画片里那种一脸好奇表情的狗吧，它的头总是歪向一边的。人们在感到疑惑不解时，也会做出这样的动作。身体语言中也包括眼部的轻微动作、头部的倾斜和嘴唇的开合。当上嘴唇微微向上撇而下嘴唇微微向下撇，做出嘴巴微微张开的样子时，就意味着对手感到非常好奇。

如果你看到的是这样一脸好奇的表情，就知道对手正在思考："我现在的感觉是什么？此时此刻，都发生了什么样的事情？"另外，如果你发现对手正在思考，也可以这样问："你想什么呢？""你现在是什么意思啊？"在谈判中，强势对手对你行为的回应，会让你了解到更多他的想法。

如果你察觉到对手误读了你的言行，就要鼓励他开口问你，搞清楚你到底是什么意思："你是不是对我刚才说的有什么误会啊？你是怎么觉得的？我怎么才能跟你解释清楚呢?"然后,你就可以根据他的回话来进行解释了。

如果他真的提出了问题,那么这里就出现了一个你可以使用的谈判策略。你可以问他:"你是怎么想的?"让他把更多他的想法表述给你。你了解他的想法越多,就能越清楚他到底把你的身体语言误读到了哪种程度。

用下面这种方法来确认他对你说的和他所真正感受到的是一致的:做出跟刚才你所做过的一样的身体语言,看他会如何回应。利用相同身体语言表达同一意思,这样一来,你要表达的意思就和你的这一动作绑定了,不管是从情感上还是下意识里,这个动作就成了专门表达这个意思的动作。

根据对方对你身体语言的解读,你可以了解到他的一些想法,也可以用你的身体语言来改变他的一些想法。

环境中的强势者

现在，咱们来谈谈强势者所处的环境吧。这"环境"包罗万象，可能是黑暗的街角，也可能是明亮的大会议室。但根据环境的不同，你要对他使用的身体语言也是不同的。

当和一个强势对手谈判时，请使用身体语言来巩固"你有能力对抗强势对手"的形象。如果是对手主场，你可以模仿对手的一些动作，譬如双臂抱于胸前和紧皱眉头等。事先设想好一组可以在强势对手主场时使用的身体语言，这样，即使是对手主场，你依然可以通过用皱眉、抱臂、双脚与肩同宽站得笔直等身体语言来释放信息，从他那里夺走掌控权。如果想让自己的身体语言显得更加有力，你还可以在双脚与肩同宽站得笔直的同时握紧双拳，并把双臂在胸前交叉。这样会让你接下来的行动显得更加威严。它是在告诉对方："我已经做好采取某种行动的准备了。"

要多留心谈判的环境，这样你才能够在如何定位自己的基础上让自己变得更有掌控力。

这就需要你了解他心里是怎么想的，包括在他所处的环境中的其他人的行为对他造成影响后他会有什么反应等。他是很渴望得到这些人的认可和赞美吗？比如说，他可能很想得到上司的赞美。"你在压低供销商要价这件事上真是表现得太出色了。"听对手怎么说，再看他的身体语言怎么做。他是做出了不太强势的表情吗？那么他就可能会说："好吧，如果你真能这么做的话，我们倒也没有异议。"而不是说："你就应该这么做！"

在他对你说话时，你一定要注意他的身体语言。假设他边说边环顾四周，观察有谁可能在听他说话，或者当你们俩面对面谈话时,有谁能听见你们俩都说了什么。这就意味着他不愿意别人听到这些话,因为听到这些话的人就等于成了目击证人。例如,强势对手计划把你所提出的谈判条款全部否决掉,但他不希望有其他人了解到这些条款。如果你察觉到了这些,你可以暗示对手,你已经用包里的录音设备给你们的谈判全程录音了。

只要能够弄清楚自己是要跟哪种强势对手打交道,你就可以把自己摆正位置,知道该如何应对他接下来的种种行为。当你处于强势对手的谈判主场时,要在心里牢牢记住这几条行为准则:

▶ 不要把自己的立场和对手对立起来,这样可能会令谈判形势更加恶化。要成为能够掌控局势发展的人才行。

▶ 如果对手过于强势且此时周围有人能看到时,请注意观察他的身体语言,看看他到底有多介意周围人的看法。

▶ 请注意强势对手嘴上对你的回应是什么,他们都说了什么话,如果围观的人不理他的话,他就没办法那么强势了。

◆ **本章总结** ◆

仔细观察强势者的身体语言，这样你会获得一些信息知道该跟对方往哪个方向去谈，以及如何推动谈判进展下去。

一定要时刻确保自己不要成为那种过于被动弱势的人。多使用身体语言，如果对手确实表现得过于强势，那你一定要做好准备。摆好你自己的位置，让自己不要示弱。如果你能够把自己塑造成一个很难对付的形象，那你就会一直遥遥领先、占领上风。同时，还要给你的形象中加入"你很公正"的性格特点，当一个尊重他人的人。这样一来，再次面对那个强势者时，他也会认真起来了。

◆ **家庭作业** ◆

在接下来的21天里，要特别注意观察你所遇到的那些陌生人和你所认识的熟人初见面时的身体语言，每天都要拿出15分钟来做这件事，分几次做，每一次观察三到五分钟。

这个练习的目的是让你对人们用身体语言所释放出的信息更加了解。当观察你所认识的人时，你还可以问问他们，看看你从身体语言中感受到的信息是否正确。

我会经常做这个练习，以此来提升我自己解读他人身体语言的能力。有时，我是在机场里、音乐会上或其他人群拥挤的场合中与陌生人擦肩而过时做这个练习。我会上前去对他们做自我介绍，把我所观察到的东西告诉他们，然后请他们给我一个简短的反馈。有些反馈会引发一段有趣的对话。

随着你解读身体语言能力的提升，你就能够更加敏锐地从你所观察的人的行为中看到他藏在心里的想法。这种能力能够大大提升你在谈判桌上的掌控力。

第三章 反击

回应强势者的技能

对强势对手进行观察，确认你能够理解他的行为，预测他在什么情况下会采取什么样的行为方式。然后，你就可以做出"该如何跟这个人谈判"的完整计划了。

能够通过对手的举止看出他是个强势者，这有助于你做好面对他的准备。在谈判前，你就应该去观察对手的行为举止和交流方式等。你尤其要留意有强势举止的人如何与别人交流。观察这些细节，你就能够更加有效地做好面对他的准备了。

比如说，如果对手恰好是你认识的人，但不管你多么了解他原先是个什么样的人，他都坚持以现在这种样貌示人。那么，你就必须另外选一种谈判方式来对付他才行。请观察他随着时间的推移在普通环境里会做何表现，这会让你心里更有数，知道该如何来面对他。

绝对不能问
自己不知道答案的事情

什么是合适的行为方式,这取决于和你谈判的那个人是谁。你所采取的行为方式一定要能够达到你想要的结果且符合你的立场,这样,对手就会知道如果他表现得过于强势的话,你会如何回应他。

在谈判中与强势者对抗

和强势者交往时,你可能会觉得这只是在交往罢了,并非"谈判"。千万别这么想。请记住,你时刻都是在"谈判",你今天所做的事情,会为后面创造出一个更好的沟通环境。你们今天的交往和以后的谈判其实没什么太大差别。虽然你们并不是处于一个正式的谈判场合中,但强势者的行为会告诉你,一旦开始了,他会如何表现。你通过这些就可以预测出在谈判中该如何应对强势者的谈判策略,以及该如何制定谈判计划。

如果强势者察觉到你处于弱势,那么,即使你并没有正式跟他谈判,他也会强势地对待你。

解读对手的动机

理解强势者的动机可以帮助你认清他们的想法。

这种分析方式可以让你了解到强势者心里的想法,有助于你跟他斗智斗勇。强势者都是很要面子的,因此,如果他觉得自己被你逼急了,可能就会失去理智。(不管是身体上还是心理上,都千万不要把人逼得走投无路。你肯定也不希望引发对手做出你意想不到的事情吧。)

通过解读强势者的思路,你就可以找到他如此对待你的缘由所在了。在某些情况下,强势者可能并非因为你的性格而挑中你的。

了解到强势者的这一特点，你就更知道该如何对付他了。如果你感觉他是渴望得到理解，那么你就可以努力表现出特别理解他的样子，或者尽量给他一些信息，让他可以根据这些信息来重新评估一下自己到底是怎么想的。

在谈判中，明白你的谈判对手的思路（他是怎么想的，他为什么这么想）对谈判将如何进展至关重要。对他思维过程的了解，会让你知道他对自己的能力期望更高呢，还是对你是否会退缩有更多的期待。如果他属于前者，那么，即使他当面表现很强势，你也一定要展示出自己的实力才成。他可能会先用言语攻击的方式来试探你，这样一来，他就可以找到你的弱点所在了。如果他言语试探成功了，他可能就会直击你的薄弱环节。

强势者也是会害怕的。搞清楚他害怕什么，可以让你在谈判时有能力掌控局面。

在谈判中与强势者面对面

你该如何回击强势对手,这取决于几个因素。其中一个就是谈判时是否还有其他人在场。如果有,那些人是和你站在一边呢,还是和你的强势对手站在一边?如果是和你站在一边的话,他们就会形成一股力量,在强势对手跟你谈判时与他抗衡。

换个角度来说,如果强势对手有盟友在场。他有了支持他的人,因此他知道自己可以更强势一点儿,因为现在他有了更强的实力来支持他的行动。而他的支持者们也会怂恿他这么做。他们的目标很明确，就是想要赢得谈判。你的强势对手可能是那一伙人中的领袖人物，也可能只是个小跟班。

在谈判时，一定要把强势对手其他助力因素都考虑在内。

能够看清自己对手的实力有多雄厚，这对你很有帮助的。但是，对手的实力很可能是你所看不到的。

当跟一个强势对手谈判时，如果他忽然发怒了，那你一定要注意是否有什么你没注意到的东西。观察强势对手比较正常时的行为方式，和他现在生气之后的行为进行对比。这样一来，你可能会了解到更多的东西，比如，在他变得更加强势之前，是否曾经有过一段时间的沉默，而你却并没有注意。

在表达自己的意图时，你不仅要特别谨慎，同时还要注意你表达意图时周围的环境如何。

要在你跟强势对手交涉前就考虑好你是处于什么环境之中，知道周围那些看不见的因素会如何影响强势对手的行为方式。你最好是在进入那个环境之前就做好观察工作。出于自我保护的目的，你要回避那种会给强势对手以支持的环境，或者是确保周围环境能够在你面对强势对手时给予你帮助。

如果要跟你谈判的人特别难对付，要想在谈判中达到目的就得付出更多的心思，同时，你要做好谈到一半退场的准备。

你可以用问一些温和问题的方式来试探强势对手，看他如何行事，又有多想让自己占上风。例如，你可以招呼一句："辛苦了，先生。"而不要说："嗨，哥们儿！"说话时要注意你的口气。你可以把"先生"这个词说得很霸气，也可以说得很温和。通过说话的方式，你可以传达出自己的情绪，或者表示出自己的立场。

谈判的逐步升级

不光是环境,你还要注意到周围环境中谁会影响到强势对手的言行。有没有会导致情况升级以至于你还没来得及终止谈判就已经无法收拾的可能性呢?如果有这种可能性,那么是什么因素会影响到强势对手后面的沟通方式呢?据你预测,他"爆发"的概率有多大?

当面对面谈判时,如果强势对手误解了你的言行或意图,那么局面可能就会失控。假设这时强势对手变得很凶,而你就站在离他五步远的地方。强势对手上前一步,生气地对你叫嚣："你刚才说什么呢？"这就和他站在原地不动，然后说"不好意思啊，麻烦您再说一遍"的情况截然相反。

在这种情况下，你可以偏过身子，然后说："抱歉啊，我的意思其实是……"再强调一遍，请注意你的说话方式。你的语气可能会给你所说的话增加一些内容。如果你特别强调或是充满讥讽地说了诸如"你听见我说的了吧"这种话，那么你就是在释放更加明确的信息："嘿，如果你不喜欢我所说的话，那我会变得更凶。"你现在掌控着局面，虽然此时还没到你们俩争执得白热化的阶段，但是你也要对你接下来的言行非常小心才是。

在怒发冲冠的时候，绝大多数人都会不假思索地行动。于是，他们看着强势对手的身体语言，强势对手也看着自己对手的各种身体语言。此时，你应该尽一切努力解释自己释放出来的信息，澄清对手的误解。解释你所说的话，然后更加坚定地再说一遍，让你所传达出的信息更加清晰明确。当你和对手争执时，要把几个身体语言和非语言信息牢记心中。

你可以通过打手势来表达对强势对手的尊重,但是打手势时也要小心,别跟对方离得太近。否则,强势对手可能会把你的身体语言解读为"威胁他"。要表现出你确实很用心听他说话的样子,同时,还要注意自己的面部表情,让表情传达出的意思跟你所说的话保持一致。

例如,如果他说:"如果你不同意这份合同,那我就立刻离开谈判桌走人。"你俯身对他答道:"你试试呗!"那么你所表达的意思就是你听见他说的话了,你打算跟他斗一斗。但如果你说:"哎哟喂,你这话说得过了啊。你干吗非要这样啊?"那态度就完全不同了。

第二种回答也传达出了"你听到他所说的话了"的意思。除了以上两种回答方式外,你也还可以用其他的方式来回应。你可以纠正你的强势对手:"我尊重你所说的话,但同时我也是有底线的。我刚刚已经按照你的要求告诉过你,我能接受什么样的条件、不能接受什么样的条件了。"

如果你们俩当时面谈,那么你可以采取这个姿势。你可以一边说:"你看,我知道情况很严重啊。"一边把双臂抱在胸前，以低调地显示出你的威慑力。同时，通过这一身体语言，以及你说话时的语气，你表达出了你很认真地对待他的话的态度。你在听他说话，按照他话里的要求给予了他相应程度的尊重。可能你并不想这么做，因为这样做不能达到你的目的。当然了，你也可能只是暂时这么做，为的是看看强势对手会有什么反应，这样你就知道他接下来会怎么做了。在你摆好姿势，为你接下来的行为做好准备时，你仍要继续用尊重的态度对待对方。

关注或隐或显的线索

　　思考一下，你应该注意观察哪些线索以便让自己感知到强势对手会如何看待你的一举一动。拿上段那个例子来说，我描述了这样一个场景：强势对手朝你迈进了一步，叫嚣："你说什么呢？"那你需要退后一步吗？退后的话就是告诉对手："我已经做好了退让的准备了。"强势对手会通过你的身体语言来了解你的意思。

　　你可以观察强势对手的身体语言——尤其是他在谈判桌上时做的那些——借此来观察，基于他对你言行的看法，接下来将要如何回应你。如果他身子后仰，让自己离谈判桌远些，就说明："我真不想像现在这样陷入这件事里啊。"揉眼睛也是一个标志，传达出的意思是："我可真不愿意看到眼下发生的一切啊。"揉耳朵这个动作的意思则是："我真没听错吗？我简直不敢相信我所听到的这些话。"你要明白，单凭一个动作是不能让你正确感知到对手的心思的，你一定要观察他的一套动作才行。比如，假设对手一边揉着耳朵，一边把身体往后仰，离开了谈判桌，这就让你能够更加确认，他就是不敢相信自己所听到的东西或自己所说的话。

通过观察身体语言的方式来判断你谈判对手的想法。一旦观察到了对手的那些动作，你就可以花些时间来转移对手的注意力，把其转移到对你更加有利的事情上去。

和强势者打交道时，一定要特别小心。如果谈判的主导权在你的话，你一定要给对方他所需要的尊重，但同时也要让他知道他绝不能欺负你。尽量让谈判往你想要的方向发展。

观察强势对手的言行，借此来判断你该如何了解他。你说的话对他有影响吗？当你双手合十时，你其实是在表达：

"我明白你的意思。"你用手势和语气来表达对对手的尊重。你听他说话也特别专心。采用双手合十这个身体语言会非常有效地让强势对手明白，你的注意力非常集中，而且做好了缓和局面的准备。强势对手可能会这样回应你："感谢你的理解，也感谢你做好了谈判的准备。"要始终注意对方会怎样解读你的身体语言。有些强势对手可能会把双手合十理解为你在祈祷自己能够占上风。因此，通过他接下来的所说所做，你就能够看出他到底是怎么理解你的这一动作了。

与强势对手的斗争策略

用柔和的语气慢慢地讲话,让强势对手平静下来。当他回应你时,你可以对他稍加影响。如果你们俩是面对面站着,那你就可以温和地说些类似这样的话:"你看,咱们也并没有谈崩了呀。"比较理想的情况下,强势对手会稍微退让一步,表示同意。

在某些情况下,眨眼的动作会传达出一些信息。可能是挑战对手,也可能是授权给对手。强势对手眨眼睛的话,则意味着他屈服于对手的立场了。如果你想判断自己是否对强势对手施加了影响的话，那么你就可以观察一下上述这些信号。通过这些你就可以搞清楚强势对手的真实想法了。

行文至此，我已经讲到了身体语言的运用以及当强势对手因为对谈判中所发生的一些事的解读而生气时，你该采取什么样的行动来安抚对手坚定自己的立场。最重要的一点，就是要正确评估强势对手的反应到底有多激烈。

你可以把对手的反应分为从1级到10级十个级别。10级就意味着强势对手要不惜一切代价地赢得谈判，而1级则意味着他只是想试试水罢了。

脑子里有了这个分级的概念，且假设你在谈判开始前就知道对方属于5级，那么你就可以预测出强势对手会在谈判中出现5级的行为方式，而且还有可能令局面更加恶化。因此，你就可以选择带更多的人跟你一起去谈判。你的支持者们会产生出更多的想法，同时，对手会觉得你们加起来会更聪明、更有力、资源更丰富或更强大，让你更能够得到想要的结果。这样做令你可以击败强势对手，或者至少让他觉得必须打败你这个有力的对手才能够获胜。如果你比他拥有更多的资源或力量，那么你就更能够坚持自己的立场。

咱们再换个角度讨论。假设你遇到了相同的情况，他属于5级，但你想看看在多找"外援"来跟你一起谈判之前，你先能做些什么。因此，只带了一名助理走进会议室，你这一举动是在告诉对方："我是个很好对付的人。"然后，你就眼见着他从5级升到了6级。你越对他的情绪加以安抚，他升级越快，又升到了7级。但令他意想不到的是，你忽然就发力了。你找来了外援，又或者你改变了行为模式，让自己变成了一个8级的家伙。

如果合适的话，你可以在一场谈判中的不同时间段分别使用这些策略，但这么做也要求你要确切知道对手是否还储备了其他力量。这就跟下国际象棋一样，想要让自己的策略取胜，你必须提前想到四、五、六、七、八步才行。事先要预估出你可能需要面对哪些情况。这是在你跟强势对手谈判前就要计划好的谈判策略。

有时候，处于关键领导地位的强势对手会耍些花招，让自己显得更加伟大。为什么呢？因为他希望得到全世界人的关注，以显示自己是多么强大有能力；他希望自己能在世界上占有一席之地。他在玩一个超级危险的游戏。他要让他军队里的军官都知道他是个强硬派，以免这些人倒戈。如果你能够找到强势对手一举一动的理由都是什么，那你就能更好地准备好策略来对付他了。

这就是为什么强势对手一定要事先算计好对手不按常理出牌、突然做出出乎他意料之外的事的概率有多高。这也是为什么强势对手必须要精确计算出他可以逼近的底线在哪儿，他绝对不能太靠近对方的底线，甚至是已经触及人家的底线。

这也是我们在跟强势者谈判时要特别小心的原因。可能仅仅是因为发生了一些意想不到的事情，就会使我们的谈判局面失控。所以我才说你在指定要用的谈判策略时要往前多想好几步才行，你要想好如果发生了这种情况，该做什么。

误导对方以分散他的注意力
或能把他解决

用误导的方式来分散强势对手的注意力。你能让强势对手把注意力放在其他事情上的时间越长，他能用来针对你的时间就越少。你也可以用其他方法来打击强势对手，比如利用向他释放错误信息的谈判策略，或者是引起强势对手一方互相之间不信任，借此来让他们焦虑内讧。

用身体语言来表达自己是个很强势的人，精准观察强势对手会如何反应。你也可以用类似的方法来暗示他："我不喜欢你刚才那种说法。"或者："我可烦你刚才做的那个身体语言了。"

无论什么时候，只要你察觉出强势者已经处于十分焦虑的状态了，你就知道你不会再受到他的攻击了，这时你要赶紧从这个环境中离开才是。别跑，但一定要趁对方焦虑困惑或难以抉择时赶紧离开。利用这个机会逃离这个环境，否则你可能就会受到他的伤害。

同样，逃跑原则也适用于谈判中。你只有在适当的时候终止了谈判，后面才能占领优势，做出对你最有利的事情。当适当的时机到来时，你一定要能够看出来才是。只要提前计划好了，你就会知道该如何利用好这个时机。

考虑一下如下情形：你和强势对手马上就要争到白热化阶段了。强势对手皱着眉头向你俯下身来，暗示他已经准备好攻击你了。你模仿着强势对手，做出跟他一模一样的动作。在这种情况下，你这么做是要告诉对手："我可没打算退缩，所以，如果你想要做什么的话，尽管放马过来吧。"

这样一来，如果强势对手的目的是想要吓退你，而你却让他放马过来，这就是一种误导对手的方式，让他改变他的立场。这就是为什么在任何谈判中误导都是很有用的方法，尤其是当你的谈判对手很强势的时候。但是，如果强势对手真的按你威胁的话做了，那对你而言就很危险了。

如果强势对手察觉到你是在误导他，那他可能就会做一些出乎你意料之外的事情来使谈判局势进入白热化。这可能就会使争执升级到令人不舒服的地步，你也因此失去了对谈判的掌控能力。

当你想要在谈判中使用"误导"这个策略时，一定要注意想清楚你希望能引导强势对手怎么做。因此，如果你有好几套计划来对付强势对手的不同反应，那么你就能更快地重新取得对谈判的控制权。

作为谈判策略的一种，误导策略可以让谈判者从目前正在讨论的话题上偏离开来。因此，当需要歇口气的时候，你也可以使用这个策略。假设，现在双方谈判者都已经到了气急败坏的地步了，这时你就可以说："我感觉气氛变得火辣辣的，咱们能暂时休息一下吗？今天是多么美好的一天啊，好天气会让我们的心情也变得特别舒畅。所以，咱们能不能出去在太阳底下走一走呢？"环境的改变可能会改变谈判的发展方向，所以在谈判中，要注意使用这一"升级版误导策略"——改变环境。

在这种情况下，"分散注意力"策略的使用目的是分散眼前的压力。在户外的阳光中散步可以令人心情愉快起来。除非外面在下雨，否则这将是一段很愉快的时光。使用这种方法，可以减缓谈判的激烈程度。

现在，我们再来说说利用误导策略使谈判变得更激烈的方法。我有一个同事就在谈判中遇到了这样的情况。拉里是一位律师，他代表自己的一个客户去收购房子。但拉里并不知道房子的主人玛利亚仍拥有这栋房子的股份，所以她并没有失去什么。

那位律师想要利用压低房屋购买价格的方式来占玛利亚的便宜。他是用这种方式来对玛利亚进行误导的：努力给玛利亚描述如果他的客户决定不买这栋房子了，那玛利亚该多么沮丧狼狈。他不停地说类似这样的话："你可再也卖不出这么高的价格。姐姐，这房子可是越来越不好卖啦。估计它会砸在你手里好长时间。"

这位律师就是在使用误导策略,通过告诉对方如果房子没卖给自己的客户,那么她将陷入怎么样不幸的状况中。然后,拉里就开始提出一些完全超出合理范围之外的要求了。玛利亚直接挂断了他的电话。

在使用误导策略时,你要注意以下几点:

- 你打算把这种策略用到什么程度?
- 你使用误导策略的目的是什么?
- 如果这种策略的使用导致谈判局势失控,你又该怎么挽回?

误导策略是改变谈判发展进程的方法之一。幼童的父母会经常用这个办法来分散孩子的注意力,因为孩子会发现有些事比现在做的事情更有意思。父母会给孩子一个更有吸引力的替代品来把孩子从他不该做的事情上吸引过来,比如:"咱们来解个字谜好不?"(这样就让孩子不再对滚烫的炉子感兴趣了。)

在日常生活中，误导策略也可以很有效的。假设有这样一个虚拟情景：约瑟夫和卡莉对坐在餐馆里的座位上。这时，约瑟夫瞟了一眼手机，想要看看几点了，而卡莉见状心里不由得暗暗呻吟了一声。她眼见着她丈夫的目光变得很严厉，呼吸也开始粗重起来。卡莉很熟悉这些——这都是她丈夫要发脾气的信号。"又来了。"她暗想。"卡莉，你发现了吗，咱们点好菜都34分钟了，可连头盘还没给咱们上呢。我真得说那服务员几句。"

"为什么我们就不能简简单单、轻轻松松地吃顿饭呢？"卡莉心里想道。她知道此时最好的控制局面的方法就是分散她丈夫的注意力，因此她便把话题转换到了他们即将要开始的假期上。她引着她丈夫谈起到时他们该如何消磨时光，时间就在这讨论中一分一秒地过去了。十分钟后，他们点的菜上桌了，约瑟夫连看都没顾上看那些食物一眼，就继续忙着想假期的事了。

这就是误导策略，但没有人会叫得出它的名字。既然你经常需要谈判，就一定要特别注意，你今天所做的事可能会影响到你明天的行动和结果。

汽车销售也会使用这条策略。当你去买车时，他们会给你看一辆超级棒的车，让你觉得你一定要把它据为己有才行。但是销售要的价格却比你的预算高了很多。然后，他们会怎么做呢？他们会再给你看另外一辆车，这辆车并不能完全满足你的所有要求，但是对你而言也够用了。它比你真正喜欢的那辆便宜些。这时你说："也许我多花点钱也行，或者我就把买车预算稍微提高一点吧。"你最终买了第一辆车。

这是怎么回事呢？你其实是被误导了。你去买车时是有明确预算的。但汽车销售知道，如果他给你看一辆豪华的顶配版车，而价格又相差不太多的话，那他就能够把你的注意力从低配小车上吸引到奢华大车上来。你最终花了比你原计划更多的钱。这就是误导策略如何使用的过程。在谈判中，如果想要对抗这种策略，你可以说："我买不起我喜欢的这辆车，所以我今天只能先不买了。"然后就起身往外走。请注意接下来对方的行动。汽车销售有没有想办法把你留下来呢？如果有，那么你就已经成功破解了他对你的误导，说明

第三章·反击：回应强势者的技能　113

你已经占了上风了。

精明的谈判者都会给误导策略起名字。如果你曾经惨遭误导，造成了损失，那么在跟别人谈判时你就可以这样去破解误导策略：

- 你刚才做得很好呀。
- 你这是什么意思呢？
- 你这是要把我从咱们真正要谈的事情上引开啊。我很佩服你居然想到要用这个策略，但是现在咱们还是回到……上去继续说比较好。

然后，你就又把话题带回到了对手误导你之前的内容上。你这是在干吗呢？你其实也是在对你的谈判对手进行误导。把他的注意力拉回到先前的话题上。请注意：什么时候误导策略会被拿出来用？为什么要用误导策略？误导策略的成功运用与谈判目标的达成之间又有什么样的关系？

引导强势对手

字斟句酌地引导强势对手。比如这样说:"我知道,如果我们站在某某立场上去看待这件事的话,你会看到事情较好的一面。"强势对手说:"我觉得可以。"一定要强调看事物的角度问题,让强势对手也认同这一点。这是引导他人的方法之一。

比较一下,如果你这么说,又会发生什么事。你说:"如果我们做某某事,那咱们的问题可就能解决啦。"那么强势对手就会说:"我可不这么认为。"现在你知道了,想要对强势对手进行引导,你需要做的事情还有很多。以上这些,在你跟强势对手谈判时,你都可以夹杂在你的话里说给对方听,这样你就可以看到能多么成功地引导他了。对方的反应会让你知道自己运用这一方法是多么有效了。

在说话时还要配合身体语言,让你说的话跟你的动作形成一致。例如,你说:"你最好的解决问题的方案是什么呢?"一边问,一边握住强势对手的手几秒钟。如果当你握他手时，强势对手并没有把手抽走，那么就说明他在用身体语言告诉你，他至少愿意考虑一下你说的话。

看强势对手的反应你就知道，你已经开始对他进行引导了。如果你继续抛出一些问题并且给出解决方法，而他以微笑作为回应的话，你就可以更加肯定他已经成功被你引导了。你可以继续引导他走下去。

激将法

使用激将法的话，可以先让对方提出他们的想法，再看看他们打算怎么达到自己的目的。然后，你不仅毫不犹豫地同意他们的观点，还指出这个观点对你也颇为有利。这会让他们觉得他们在这次谈判上能够说了算。

有很多种方法可以判断你是否成功对强势对手进行了引导，但同时还要让他觉得自己才是主导谈判的那一个人。

使用激将法也可能会让人觉得你是在耍人家，所以在说话时要特别留心，这样当你想要引导强势对手或改变他的观点时，他才不会觉得你是在欺骗、耍弄他。

举个例子。假设你确实很想让强势对手吃巧克力冰激凌，那你可以说："你肯定不想吃巧克力冰激凌吧。巧克力冰激凌对你没好处。哥们儿，这东西会对你产生各种害处的。"由于强势对手绝对不会听一句你的意见，所以他肯定吃巧克力冰激凌的。其实巧克力冰激凌正是你想要他接受的东西。在这里，巧克力冰激凌也可以代表任何你在谈判中希望强势对手能够接受的其他东西，因为在谈判中，只要你建议了A选项，那他一定会选B选项。如果你选了"夜晚"，那他一定就选"白天"。

在一场谈判中，你可以使用这种方法来告诉对方，某件事对你而言并没有什么价值，或者是用这种方法来提升这件事在强势对手眼中的价值。这就是谈判中所谓的"转移注意力的次要事实效应"。你可以制造出某事物比它本身的价值高出很多倍的假象，让你的强势对手认为它确实更有价值。

字斟句酌是关键

你不仅要用语言去影响强势对手的行为方式，同时还要对他进行引导。一定要特别注意你说话的用词。"这个对你很有好处"就比"这对你来说还行"有力多了。甚至，你怎么说不仅决定了强势对手会怎么看待你在谈判中所提供的条件，还决定了他会不会认为你提供的条件对他有利。

你在跟强势对手谈判并且想要用语言来对他进行引导时，一定要考虑用到以下这些策略的：要小心谨慎地选出最合适的话来说；你的表达方式不同，强势对手所做出的结果也会不同。考虑你该用什么方式与强势对手进行对话，也是你在谈判前演练时的一部分工作。观察强势对手在不同环境中的状态会给你一些灵感，让你知道等你到坐下来跟他谈判时该使用什么谈判策略。

有时候，你在谈判之前就会对强势对手的行为方式略有了解；而有时候，你则是突然需要跟强势对手正面交锋。如果你能够在谈判中引导强势对手，那么你会大获成功。

显然，知道强势对手是否能够受你引领是非常重要的，因为你的下一步谈判策略要根据"强势对手是否按照你引诱他的那样去做了"来决定的。

只有确认了强势对手是否按照你的引导去做了，你才能够在那个谈判的时间点上选择出正确的下一步谈判策略。最好的情况就是强势对手接受你的引导，令你这次谈出了一个非常理想的结果。但我们也都知道，因为强势对手往往都是亢奋好斗型人格，那么他很可能会在谈判中抵抗你的策略。如果发生了这种情况，那么，你该担心什么呢？如果强势对手对你的谈判策略进行顽强抵抗，那么你可能就要暂时中止谈判了，或者你可以这样问强势对手："此时此刻，你真正想要的到底是什么呢？"这时强势对手会告诉你他真正想要的是什么。

在这种情况下，误导策略也依然可以发挥作用。你可以说："我真做不到。"强势对手则回答："我们这方必须赚到100万美元，这单生意我们才会成交。"那么你就可以跟他说："我可没有100万美元。逼死我也拿不出这100万美元啊。"

如果强势对手是在试探你,看你到底能不能拿出100万美元,那你必须让他明白,想要100万美元这事绝对没门儿。你可以这么说来加强效果:"咱能谈点现实的吗?"这样给强势对手摆正位置,他会对你表示,你不用再为这100万美元费心了。这是几年前当美国公民在南美被绑架时,美国联邦调查局在解救人质时所使用的策略。在绑架者们以为谈判尚未开始的时候,他们已经重新定位了绑架者想要的赎金数目。

假设强势对手默认了你的说法,然后回答:"好吧,那咱们就按照50万美元来谈吧。"你就会知道强势对手的要求已经越来越合理了。但如果强势对手就非得坚持要100万美元,那你就只好暂时中止谈判了。你要告诉对方自己不愿意继续谈下去了,他的谈判策略是毫无效果的。在你跟强势对手所提出的条件进行讨价还价时,摆出要中止谈判走人的架势可能会很有效果。

根据你已经收集到的关于强势对手的信息,你知道他很想达成这个协议。那么你就知道了他想要什么,也对他希望何时达成交易有所了解。这些信息都会对你的谈判有所助益。你和对手说要中止谈判,其实就是在使用某种程度上的误导策略。要小心,你到底有多了解强势对手,因为有些人是越喂胃口就越大的。

角色扮演和强势者的力量

搞清楚强势者背后的支持系统是非常重要的事情，因为这样你就可以知道强势者到底有多大的实力了。如果他背后的支持很弱，那么你很容易就能够把他消灭掉。如果你因背后支持力量强大而显示出一派强硬态度，那么他背后的支持就会不战而败。现在你明白了吧，这是一个你可以用来化解强势者背后支持力量的策略。你得对这场谈判更加了解才行。

在你做回击对手的准备工作时，你可以使用角色扮演的方式来练习该如何使用各种策略去控制强势对手，让他这么做而不是那么做。如果你知道他是如何积聚力量的，那么你就更明白该如何削弱他的实力。

强势对手丧失力量这件事会对你产生影响——你该如何用角色扮演的方式来练习让你能够在谈判中成功削弱对手实力、增强自己力量的策略?

历史给我们提供了很多关于强势者耍蛮力的经验教训。如果过去你知道强势对手会以什么样的方式丢失掉自己的实力,那么你就可以在角色扮演时事先排练好一些能够削减他们力量的谈判策略,然后你就可以对这些不同的策略进行检测了。如果你能够了解到更多关于你可以如何使用这些策略的信息,那么你的排练就可以用"如果发生了这种情况……"开头。你对这些策略进行测试、打磨,然后就可以通过你的角色扮演看出你该如何让这些策略发挥出效果。

例如,想一想你该如何在角色扮演中表现出自己的力量和实力。之前,你角色扮演的主题都是该如何巧用策略来让强势对手的努力成空,那么现在从这个老主题中找出你以前没想到的表达想法、提出建议的方式。

考虑一下你该如何通过让他们彼此心生嫌隙的方式去分

化瓦解对手和他的团队。通过收集信息的方式来了解究竟他们中的每一个人想要的到底是什么。了解并确定：他们中的每一个人为什么会来参加谈判？我又该如何做才能让他倒戈向我这一边？这就是所谓"间谍行动"的真谛——找出对方真正想要的东西到底是什么。如果你能够做到这些，你也会有办法让强势对手得不到他想要的东西。

记住你也要使用强势对手的语言来跟他对话。如果强势对手说："我真想狠踹你的屁股。"你就肯定不要说："如果你敢恰好把脚抬到我臀部那个高度的话，我一定会揍你的。"因为这样就等于没有用强硬的语言去回应"我真想狠踹你屁股"这句话。你一定要用对手能明白的语言回应。

角色扮演可以帮助你事先了解到强势对手对于你想要挫败他、用谈判计策来对付他的行为会有什么样的反应。在角色扮演中还要时刻想着该如何从内部瓦解对方。最好的办法就是先了解清楚强势对手有多强的实力以及如何能够让他丧失力量，把这些任务放进你的角色扮演中去多加练习，以求你能够发挥出最好水平。

◆ **本章总结** ◆

当你要跟一个强势对手谈判时，一定要从谈判开始前就处处留心。尽可能多地收集信息，这样你就能够预测强势对手会在谈判中的某一情况下做出什么样的反应以及他会如何考虑问题。思考他为什么会这样做，他的支持者是谁，他用了什么方法来逐步降低了谈判的激烈程度，与他谈判的最佳时机又是什么。

如果你能够做好上述这些问题的分析工作，那么你是很有机会赢得谈判的。弄清楚什么东西对于强势对手而言是最重要的，你就知道该使用什么东西当作杠杆，该远离什么东西，以及强势对手真正想要实现的目标是什么了。

◆ **家庭作业** ◆

回到历史的某一个节点上（关于商业、个人或职场的历史节点都可以），看看一个强势者是如何获得力量的。找出他聚集的同盟军是谁，他是如何把这些人聚拢起来的，他用来获取力量的策略是什么，最终他的实力又是如何被削减化解的。做这个练习会让你了解到更多关于"在谈判中和现实生活中该如何对付强势对手"的知识。

第四章 职场中的我们

任何企业中都可能存在强势行为

要尊重他人，但不要让自己陷入那种会让你妄自菲薄的环境中去。在尊重他人的同时，也要表现出：你绝对不会因为某个人是"权威"就屈从于他或她。你要表现出这种态度："我尊重你，但同时我也绝不会受你欺负。"

假设你现在正要开始创业或换工作，那么考虑一下，你属于哪种人格类型。你的竞争力强吗？抑或你是个逆来顺受的人？因为你所拥有的技能不同，你适合的行业也就不同，那么，到底哪个行业是最适合你的呢？

每个行业中都有强势行为的存在。了解到这些行为出现的原因会令你为自己该如何在行业中立足做好准备。本章会帮助你深入了解在法律领域、娱乐业和电视广播新闻行业等一些大公司中发生的职场强势行为。这些知识会帮助你更好地进行选择，知道你该把时间花在什么地方，你花出去的时间又能创造出多大的价值。了解到以上这些信息会帮助你更好地制订出应对不同职场强势者的策略。

无论你是想在目前从事的行业中重新找一份工作，还是想要换行业，你都一定要事先对这家公司的总体环境和你未来要去的部门的环境进行观察。这会帮助你计划好该如何成为这个企业的一部分。

在本章的后半部分中，我会再对此进行深入讲解，但有些知识点确实值得一再重申。你一定要搞清楚为什么会出现职场强势行为，这种行为又是从哪里滋生出来的。如果强势行为是来自企业上层，而你又没有能够在这种环境里工作的能力和特质，那你最好是放弃这份工作。

如果你是一个正在求职的人，那么你可能希望事先获得警示。这里有几个你可以用的方法。

你可以通过社交媒体或网络与曾经在这家公司工作服务过的人聊天来了解情况。这些人会给你提供一些内部消息，确认你的担心或打消你的疑虑。

你可以在网上查找信息，也可以跟同事进行沟通。在今天这种网络环境中，通过在社交媒体上提问的方式或者在现实中寻找了解真相的人的方式，获取想要的信息是非常容易的事情。

你想要的工作环境是那种让你能够按照自己的标准和底线去表现自己，并且让你能够尽快实现自己目标的。但职场强势行为会让你无法实现人生目标——就像有只看不见的手抓住了你的后背一样。在进入一个工作环境之前，你就应该提前做好功课，看看那里面是否存在上述障碍。

我们再讲深一步。假设你怀疑在这个工作环境中存在某些强势行为——即使是某种程度较轻的类似行为也包括在内。(我说"程度较轻",是因为在有些工作场合的人根本不觉得自己是个强势者,他们说自己只是"严厉"罢了。)虽然你对"强势"可能有自己的定义方式,与其他人对这个词的看法大不相同,但是,面临强势的后果却是一样的,你必须要知道这一点才行。

即使你高度怀疑自己即将进入的工作环境里存在强势行为,还是要区分一下强势发生的程度、会发生在什么人身上以及会在何时、何地发生。收集充足的数据并且对这些数据进行深入分析。

其他导致强势行为发生的原因

我们会根据一个人的外貌武断地判断出他价值几何。如果是一个肥胖超重的家伙,我们就觉得他不仅身材没型,而且也不会是个努力工作的人。我们还知道,统计学的数字表明,高个子的人会比矮个子的人赚到更多钱。长得好看的人也会比长得不好看的人赚到更多钱。

在不同文化中,对什么是身材好的观点各有不同。在夏威夷文化中,体重越重的人被认为越有身价。而在其他地方,看法则截然相反。

印度就是这方面的一个很好的例子。我朋友的丈夫是在印度长大的,在那里,肥胖说明一个人的地位高。

与此相反,我儿时打棒球的时候,我们会认为即使那些胖子击球很棒,也根本打不好棒球。也许他们有足够的力量,能够把球打得够远,比那些块头没他们大的人打得远得多,但是他们在球场上不够敏捷,所以我们还是认为他们不行。绝大多数持这种观点的都是偏瘦的小孩,这样的想法能让这些瘦小孩自我感觉良好。

在以上所有这些情况中,所有看法都是基于人们所在的不同地域的不同现实而产生出来的。这就是你必须一直要把环境因素作为强势行为发生的因素之一考虑在内的原因。

阻挡强势行为的
条件

无论你所在的环境和所处的文化氛围是什么样的,自己别太弱都是很重要的一点!

当动物想要从一群动物中挑出一只当作自己的猎物时,它们会捕捉那只最虚弱的:残疾的,体积最小的,年纪最小的。因为在它们捕捉食物时,一定会选那个最容易抓住的。

人类在强势时也用了类似的选择方法。

你一定要对自己的身材非常了解才行。不管你是高个子还是矮个子,走路时都千万不要驼背。要用一种能够告诉别人"你正在赶去某个地方"的步伐走路。说话要具有权威性，即使你是跟地位比你高的人——比如老板或主管——说话，也要如此。

要尊重他人，但不要让自己陷入那种会让你妄自菲薄的环境中去。在尊重他人的同时，也要表现出：你绝对不会因为某个人是"权威"就屈从于他或她。你要表现出这种态度："我尊重你，但同时我也绝不会受你欺负。"

我们必须要时刻牢记这个重要的谈判策略才可以。带着你的目的对情况进行检视，同时，你需要判断自己想要一个什么样的谈判结果。想办法在你进入会议室之前告诉你的谈判对手，你想要什么样的谈判结果，这样会让他知道该对这次谈判怀有什么样的期待。

你要时时刻刻设置出自己的期待底线。你通过如何表达自己的想法和如何展示自己的形象来设置你的底线。你的身体姿态对别人怎么看待你有很大影响，所以你一定要摆出强壮、精神的样子来。走路时要高高抬起头，肩膀打开，以表现出你精力旺盛、充满自信的样子。站着的时候要把你身体的重心平均放在两只脚上,双手平贴在裤线上。

永远都不要露出泄气的样子。直视对手眼睛的时间长短要适宜——这取决于你所在的文化。在某些文化中,如果你直视对手眼睛五至十秒钟,对手就觉得被冒犯了,因为人家会想:"你瞪我干吗?"在这些文化中,如果你放低了视线,就说明你在告诉对手:"我对您很恭敬。"如果你觉得直视对手的眼睛令你不舒服,那你就盯着他的鼻子。从对手的角度看,会觉得你还是盯着他眼睛呢。

当使用身体语言表达对对手的尊重时,你心里要牢记很多要点:尊重对手并非你的目的;要尊重他,但不要屈从于他;要选用符合你表达目的的动作;不要表现出懦弱的样子,这也是一个很好的方法。

谈判策略

了解为什么有的人会遭遇强势

有些企业文化中包含"粗暴压制性谈判"这种行为。如果你需要对付的那个家伙因为他所在公司的企业文化导致他有着根深蒂固的行为方式,那么你就需要拿出一大套谈判方式来对抗他。假设他们的企业文化就是喜欢这种状态,那么你就可以采取不同的谈判方式跟对手谈。

在征服一个强势者之前,你必须先了解他是怎么想的。能够了解到他的一部分思维过程就意味着你能够尽量多地了解到这个强势者目前所处的环境如何。这个所谓环境，包括他的家庭环境、工作环境和娱乐休闲环境。这些外界环境可能会导致他出现某种行为方式。如果你知道是什么促使他这么做，那你就能够更好地做好准备去对付他了。

在某些情况下，你可以通过观察强势对手与其他人的交往方式来洞悉他的价值观。要搞清楚和他最亲近的人的价值观以及他自己最认可的价值观分别是什么，他会按照哪些价值观来行事，因为他会为了融入那个圈子而遵从他们的价值观体系，否则那个圈子就不会接纳他了。一旦你了解了强势对手所处的环境和他的心态，你就可以判断出用来击退他的最佳策略是什么了。

强势行为也可能是被生活逼出来的。

但如果是在一个更讲究合作共赢的环境中，人们的行为方式可能会大不相同。如今的孩子都拥有更加全球化的视野，他们可能会跟住在地球另一面的人一起联机打电脑游戏。他们正在学习如何消除地域界限，和来自其他文化体系的人建立起崭新的互相理解关系。这就意味着，如果你是和一个年轻人谈判,那么你就可以期待着用更加互惠互利的方式来达成协议了。

你经常会发现,人们会做一些确定性的假设来支持他们的自我价值观。无所谓这些假设对现实有无助益,它们的重要性在于给人一种自我安慰,让他们安心处在自己现下生活中的位置上,或者是填补人们生活中尚未满足的空白,让人觉得自己可以从生活中得到比自己原以为的更多的东西。人们可能会去欺负那些被他们认为"拥有更多"的人,直到他们了解到真实情况是人家并没有拥有更多才肯罢手。

如果你想要试图弄明白为什么有些人会表现很强势,那你就问问自己,他们是否没有安全感呢?他们这么做是不是为了让自己感觉好受一点呢?

有些人用类似的强势手段来与人沟通以此来作为对自己的一种保护。他们这样做的理由可能是:"如果我随便找个理由来攻击你的话,你就没办法因为我缺少了解而欺负我了。而且如果我一直表现强势的话,你就顾不上发现我在某些情况下会知识储备不足或做事效率低下的缺点了。"

利用杠杆原理来预防强势行为

其中一个办法就是寻找强势对手想要的资源，努力获得这些资源，让它为你所用，把这些资源作为你抵御强势对手的"杠杆"。假设你的强势对手有一个很亲近的朋友——就管这个朋友叫乔吧——很喜欢你。那么你的强势对手就会想了："呃，乔说他这人不错。既然乔都这么说了，那我也就别去招惹他了。"

强势对手对乔的尊重就是一个你可以用来抵御他的杠杆。你必须知道强势对手想要达到的目标到底是什么，以及其他人能够支持他到什么程度。然后，你就可以利用这些来为自己争取利益了。

了解强势对手所处的环境以及他做事的动力会让你知道有什么"杠杆"可以为你所用，以及你怎么才能得到这个杠杆。比如说，你是该以最佳状态出现和强势对手形成竞争关系呢（这是一个选择），还是该让强势对手的那些支持者相信你也会支持他呢？如果是第二种情况，那么那些支持者就会跟你的强势对手说："不用管他，他跟咱们是一头的。他也是支持你的呀。"

最终，你可能会打败你的强势对手，让他在他的支持者眼里显得十分狼狈，而他们可能会因此更加崇拜起你来，这样一来，你现在有了更加强大的拥护力量。

以上所有这些都是在你真正跟强势对手交手之前需要考虑的问题。不管对方做了什么，你都可以用上述方法来对付他，你的行为可以减弱他所作所为原有的威力。

在强势文化中，你试图用来作为"杠杆"的支持力量取决于你所处的环境。

尽管你要面对的整体环境确实很重要，但也要一直留心寻找谁的影响力最大才可以。另外，我们还要想到，强势对手认为自己的所作所为都不过是在"运用自己的实力"罢了。但实力的大小是相对的，这一次他是实力强的一方，下回他可能就是实力弱的一方，到了再下回，可能他就成了实力全无的那个家伙。所以，你在寻找自己要用的杠杆和自己要对付的目标时，要把时机也考虑进去。

要弄清楚谁站在拥有权力的位置上，谁可以站在你这一头挺你，以及你可以用什么来当作杠杆对付你的对手。要尽可能深入地弄清楚上述这些问题以帮助你获得想要的结果。

谈判中的强势行为

当参加一场谈判时,你要把强势对手可能会玩的心理战术都考虑在内。对手已经想好了他打算怎么跟你谈,他觉得你来就是为了跟他签订一份对他有利的协议罢了。他会问你:"难道你还有什么问题吗?我觉得不会啊。你就在这儿签字吧。"这其实就是一种强势行为。大公司在谈判中时常会这么做。

以下说法也较为强势:"我公司比你公司规模大多了,所以你对我的需要就会远大于我需要你。"那么,你该如何面对这种说法呢？首先，不要把自己放在一个对对手有所求的位置上。你一直都需要面对各种谈判，所以，你并不是全指望着一家公司给你订单。你的选择是很多的。

假设你发现自己确实真的很想做成这笔生意，那你也不能有"万一生意做不成这地球就毁灭了"的想法。因为这种心态会把你放到一个被动挨打的位置上。对手在谈判中过于激进、故意跳过一些议程，或者是表现得控制欲超强都属于强势行为。

我曾经做过一个部门的负责人，部门里负责向我汇报工作的几个同事原本应该按时把报告交给我的，但其中有一个人老是会迟交。我要求这个人赶紧交报告，并对他说："如果你不按时交的话，我们全部门的工作就都会因此被拖延。"但他还是不按时交报告。有一天，我给他发了一封邮件，同时还把邮件抄送给了他所在小组的负责人。于是，这个工作拖拉的员工埋怨我对他进行"被动攻击"，但其实我也并不想这么做。

虽然你的本意并非如此，但你的行为却可能让你被别人看作是个强势者。在和自己信任的人谈话时,你可以请他验证一下你是否确实很强势。如果你对自己做事的目的和动机都很了解的话,那么根据要实现的目的不同,你做事的策略也会有所不同:

- "这就是我对你的指控的看法。"(激进型)
- "你说我被动攻击是什么意思啊?"(质疑型)
- "我觉得你之所以指责我'被动攻击'你,是为了把我们的注意力从你没有按时上交报告的错误行为上转移开。咱们还是继续谈谈你拖欠工作报告的行为以及我作为你的领导对你工作的期待吧。"(分析型)

承认强势

如果对手对你说:"没错,我就是很强势,我就是要强迫你接受我制订的协议。"那你该怎么办?这时,"如何定位你自己和对手"就开始发挥作用了。在开始一场谈判之前,你需要知道自己是要跟哪一类型的人谈?他们那种人最喜欢玩什么样的心理战术?在开始谈判时,你就要知道自己可以用哪种"后门脱身"策略。你可以这么说:"我可不跟这么强势的人谈判,什么时候你愿意改变你的行为方式了,你再告诉我吧。"然后起身离开,看看对手会做何反应。

不要让自己太过于依赖某个客户。要确保还有其他渠道让你能够获得想要的东西。同时,还要知道,该如何迅速地通过这些渠道得到你想要的东西。弄清楚你客户的需求有多急切,这也能给予你一些用来谈判的"杠杆",让你知道在谈判中该如何应对。

在跟强势对手做交易时,要做好撤退的准备。如果当你正要往门口走时,强势对手拦住了你,这就表明他打算好好跟你谈了。这时,你就可以拿出"咱们看看能不能一起把这笔交易做成"的态度来,以乐于合作的态度出现。

◆ 本章总结 ◆

如果对手很强势的话,你要知道他一定会选择最弱势的。这就是为什么你要一直表现出"很强悍"的样子来。所谓"强悍",根据你所在的行业或公司不同也是有很多种不同的表现形式的。

另外,你还需要了解你对手的那些负责人和当权者的心态。要弄明白他们是如何走到那个位高权重的位置上的,以及他们想要给自己的客户提供的是什么东西。这会给你一个思路,让你不再遭遇强势行为。

◆ 家庭作业 ◆

如果现在你已经参加工作,请注意你所在的企业里又会有什么具体的不同情况,注意观察为什么会出现这些不同的情况,相比于行业普遍情况,它在你的公司里又是以何种面目示人的。这个练习会让你的准备做得更充分来发展盟友去与未来可能会出现的潜在的强势对手作斗争。

如果你是刚开始找工作，或是正想要在你的本行业内换工作，要注意你想要进入的行业中的企业是否拥有做事强硬的企业文化。你可能需要深入了解你能否在那个行业中生存并取得事业上的成功。为了得到更准确的评估结果，你可以直接对你要去工作的那家公司进行评估。根据评估结果，你就可以知道自己进入这家公司后事业成功的希望有多大了。

第五章 强势谈判的关键路径考虑

要对强势对手进行区分，要对跟你谈判的强势对手的性格类型进行鉴别，要确定哪里才是与强势对手谈判的最佳环境……你必须做好要继续发动第二波、第三波、第四波攻势的准备，而且一波要比一波更厉害才行。

坎德拉看到一个神经外科的医生走到大厅里，正往她所在的护士站门口走。她从那医生的表情看得出来，这人此时十分恼火。他嚷嚷着质问："从今天早上开始收集的生命体征数据为什么还没输入电脑？如果你们这帮护士都不干活的话，我怎么跟我的病人交代病情啊？"那位医生朝坎德拉走过来时，她注意到有两位访客和一位病人正站在大厅里瞧着这一幕。

"里佐大夫，请您跟我去会议室吧，到那儿我再跟您解释您刚说的这件事。"

"我哪儿都不去，你先给我解释吧。"

"里佐大夫，您是因为生命体征数据的事情生气，为了这位病人和他父母才这么着急上火的。到了会议室我一定好好跟您把这事给解决了。现在咱们先过去吧。"坎德拉说罢，头也不回地就先往会议室去了。她听见里佐大夫也进来了，并在她身后关上了门。

让环境成为你的"盟友"

当面对强势者时，你可以利用周围环境作为你的"盟友"。思考一下坎德拉护士与里佐医生之间发生的这个故事。坎德拉告诉里佐医生，他们应该到另外一个环境里面去，这样能够离开病人们的视线（他们本来就正盯着里佐医生制造出来的这一番小乱子呢），沟通起来显得更加礼貌。在这种情况下，如果里佐医生拒绝接受她的建议，或者不肯跟她去会议室的话，她要求他去的态度可以更加强硬些。

请注意，坎德拉护士说，他们应该到另一个房间去谈，这样他们说话可以不被人听见，然后就转身背对着里佐医生，直接走了。她的这一身体语言表示的意思是"跟我来"。她把他从一个他拥有更多职权（或者说，他觉得自己拥有比她更大职权），且他认为自己是领导者的环境中带走了。另外，在这个环境里，他还有"观众"欣赏他的"表演"。但仅仅因为坎德拉护士改变了他俩谈话的环境，两个人的地位就也发生了变化——离开了那些可以观赏他的炫耀的人们，这让那位医生身上那种额外的优越感消失了。

这就是为什么当你打算跟某人谈判时，你一定要对周围环境了解得非常清楚才行，尤其是当你的谈判对手非常强势的时候。环境可以成为强势对手的盟友，但亦可以成为你的盟友，主要取决于你在那个环境中的行为方式。要改变环境，将环境赋予强势对手的力量化为己用。你可以通过要求"换场"来实现这个目的："咱们下次再谈吧。"说罢你就从这个环境中走出去，看看强势对手会不会追出来。

在坎德拉护士和里佐医生的那个例子里，里佐医生跟着坎德拉护士走了，这就说明坎德拉已经夺过了掌控权。另外，她让外科医生离开自己的"权力宝座"到一个病人无法听到他们说话的地方去就说明她已经获得了掌控权。

选择什么样的环境进行谈判，这是至关重要的一件事，因为在这个环境中握有掌控权的人会在谈判中占据优势地位。

你可能知道在医疗环境中有一个"蓝色代码"，代表着出现了严重的心脏病的人。现在，由于医疗机构都对职场强势行为特别关注，因此便有一个"粉色代码"应运而生了。即：当有医生很强势的时候，护士站的其他护士就都会放下手头的工作集中过来围成一圈，一起盯着怒气冲冲的医生。这样，在众目睽睽之下，医生的行为就会得到有效阻止了。因为环境的改变，权力转移到了护士们这一边。

掌控权的转移会对双方的谈判交流产生影响。强势对手会琢磨："我是想和你一对一地谈判，现在一下子来了这么多人看着，而且他们还都是站你那头的。有他们给你撑腰，你也就有了更大的实力来对付我。我最好先撤了吧，因为我的实力已经不如你了。"

第五章·强势谈判的关键路径考虑　153

但根据要对付的强势者的类型不同,粉色代码策略有时候也会收到适得其反的效果。

再强调一遍:在行动前,一定要考虑你这么做的后果是什么,是否会导致局面更加失控。就比如在上文中的那个"粉色代码"行动中,护士们一起把陷入窘境的同事保护了起来,这也可能会让医生变得更加好斗,他会暗想:"好啊,现在你们是八个对付我一个,更有甚者一会儿可能会更多。那么我就让你们瞧瞧,我到底能变得多厉害吧。"因此,你一定要根据与你谈判的人的思维方式来谨慎选择自己的谈判策略,尤其是当对手非常强横霸道的时候。你一定要知道怎么做才能打倒他,而怎么做则达不到目的。如果强势对手不肯退缩,你一定也要事先把应变策略准备好。

当场对权威者做出回应

很多年前,我还是一个组织中新来的演讲者。有一回我被问到是否愿意去做后台销售人员，我同意了，因为我原本就是那种任何事都愿意试试的人。而因为我是演讲者，所以上面还告诉我，我可以用一个更大的销售折扣去卖课程，而这是其他的后台销售人员所享受不到的。

在这里，我遇到了一个误以为自己能够掌控整个后台销售团队的人。当时我正在和一些想要购买演讲课程资料的人谈话，打算用我的权限给他们打个更大的折扣，可那个人却对我说："你不能这么做啊。"——他当时也在和一些人谈着，想要卖给他们一些课程资料。我看着他，然后问："您说什么？"他说："你不能给打这么大的折扣啊。"我还是那样看着他，继续问："为什么？"他回答道："就是不可以，上面不允许我们这么干。"我说："您不用担心我。"这时，原本面对着顾客的他转过身来，面朝着我，对我说："你这么干是不被允许的。"

那些想要买课程资料的顾客都站在那里看着我们，想看看接下来我们之间会发生什么事。我也转向了他，朝他走了一步，然后说："咱们等会儿再说这事成吗？"说这话时，我的语气很严厉，同时做出了朝他走近一步的身体动作。他答应了："好吧。"然后，他就转回身去又去跟顾客们推销了。

我知道，我说话的方式，再配以我的身体语言，都能够对他产生影响，让他重新审视自己刚刚说过的话。等我们招待完顾客，我们俩就一起走出了销售区，然后我对他说："首先，你不能再当着别人的面那样说我了。你并不认识我，所以你更不会知道我所拥有的权限，那你凭什么认为你可以对我指手画脚，告诉我什么事能做什么事不能做呢？尤其还是当着顾客的面！"他结结巴巴地回答："呃，我原以为，我还以为你……"

当时，我一意识到他是想要压迫我时，立刻尽快让他认清了自己的权限位置，因为我想要让他知道永远都不可以再这样对我。他也认识到了如果他再这样对我的话可能会出现更加严重的后果。在我们俩这次沟通之后，我观察他，发现他已经被我制服了，变得温顺起来。你可以用这种方法来判断你与对手——或者是与强势对手的沟通取得了何种效果。

当你说了一番让对手冷静的话之后，假设强势对手就偃旗息鼓，停止了他的攻击行为。就拿坎德拉护士和里佐医生之间发生的那件事来说，假设面对里佐医生的咆哮，坎德拉护士回答说："大夫，您说得对。"那就会给里佐医生更加增添胆量让他以后会一直这样做。在你采取行动制止对手之后，要对对手的言行举止进行观察以判断你对对手产生了多大的影响。

还有一些其他方法，比如，对手一连串的反驳让你谈了半天却一无所获，这时你可以利用"杠杆"策略，比如"粉色代码"，即利用他人当作杠杆来制服强势对手。

比如说，在医院里，国际医疗卫生机构认证联合委员会（JCI认证）的标准是对破坏行为零容忍。所有医护人员都受过这方面的教育，知道这个标准意味着什么，也知道违规行为的后果将是什么。对医生而言，这可能就意味着他会失去给这家医院里的病人看病的权力。

在医疗系统中，所谓"破坏行为"是具有特殊内涵的，包括侮辱性语言、不平等行为、故意在病人面前侮辱某个医生、公然把某个医护人员喊出去训话以及咆哮、殴打行为。

除此之外还有：不遵守规定的行为，如应该解决问题却不肯解决问题或拒绝遵守被广泛认可的规定等。要明白，破坏行为可不仅限于口头语言侮辱。但语言恐吓威胁确实会令医护人员感到特别害怕，以至于无法完成自己应该完成的工作，导致对病患护理的质量和患者安全造成威胁。

深入
了解强势对手

面对强势对手时，你需要对他的性格特征和行为方式真正了解。因为这会帮助你预测他将计划使用什么样的谈判策略以及会具体应用计划中的哪些策略。这样做，你就可以判断出为了达到自己的目的该使用什么策略来对付他了。

在某些情况下，你可能不知道跟你打交道的人是否是个强势者，因为仅凭一面之交很难看透他是否有强势者的特性。不过，你可以对他进行评估，借此来提前获知他想要达到的目的是什么。通过在谈判中与对手交谈沟通来实现上述目的。思考一下,他可能会在谈判中提出哪些反对意见,而你又该如何从他的反应中看出他的性格品质。如果他提出反对意见的原因是他觉得事情不该这么发展,那么你可以借用自己以前谈判成功的方式来跟他交涉。

在你跟对方从一个议题谈到另一个议题时,要根据你对对手的了解来及时调整自己的谈判策略。强势对手往往露出一些能够显示他意图的线索来,目的是让谈判变得更紧张,让自己变得更具侵略性。

白纸黑字地写下书面协议

在你的强势对手变得非常具有攻击性且相当不可理喻之前,你最好能够对你们俩都同意的一些内容进行记录。白纸黑字地把它记下来,这样,你就可以有东西来证明自己赞同的内容到底有多少。如果你认为接下来的情况肯定会变化——对手变得更加强势,那么你还可以先让他在这份你记录下的协议上签个字。这种书面协议的作用是把强势对手的要求锁定在一定条件下，且一旦他反悔，不愿履行协议，也可以让你的立场更加强势些。但是，书面协议也不是总能够控制住强势对手的。

在其他一些情况中，你跟强势对手谈判的结果以及你能对他反抗到什么程度都尚不明晰。要观察你要怎么对他做：在你做出一些行动或说了一些话之后，或者是在你向他展示出自己不同的想法以让他改变立场时（哪怕这些所说所做所想都是很轻微的），对手会采取什么样的行动。如果他改变了立场，你就知道你对他的所说所做奏效了，确实是影响到他了。

"有力解决问题"网站的老板大卫·达迪安给我们讲过一个关于如何通过书面签署协议来跟潜在客户做商业谈判的故事。这次谈判的地点是一个环境非常脏乱的仓库。大卫和他的一位同事都是穿着整洁的商务套装去的，却只见他们的潜在客户（就管这个人叫托尼吧）正坐在一张满是尘土的桌子上。那感觉简直就像走进了一个囤积成瘾的人家里一样。托尼特别强硬，当大卫和同事跟他握手时，他竟然都没站起来。而且这里连把给大卫他们坐的椅子都没有。在他们做销售介绍时，托尼对他们的介绍丝毫不感兴趣，连装都懒得装。

等大卫介绍完了，他问托尼有没有什么问题要问。同时，大卫一开始还给了托尼一份写有各项条款的协议，在刚才大卫给他介绍时，托尼稍微也已经把那份协议略翻了一遍。托尼说："我就问你一个问题。如果我不喜欢你们的服务，我能随时炒了你们吧？但是我不太清楚这一项条款在哪儿写着呢。你是想让我跟你们签这东西啊？"

大卫回答道："协议是保护咱们双方的。如果您能仔细读读这些条款的话，会发现我们也有权利'炒了'您。是什么让您觉得我们就不能主动炒了您呢？"这可真是让托尼大吃一惊，他万万没想到对手会如此反驳他——而且大卫还提高了声音用强调的语气说的。

差不多在大卫说完那番话的一分钟之后，托尼开始发力了，因为他发现大卫跟他势均力敌，根本不是一个可以对他忍气吞声的受气包。这令他对大卫生出敬意来，所以打算用平等的态度来把大卫打个落花流水。

托尼似乎是那种对推销员或公司销售非常反感的人。大卫对他说："您看哈，托尼。我开公司跟您开公司都是一样从零开始。我也跟您一样都是老板。我不是来求着您买的。您让我解释一下我们公司能够为您的公司提供什么服务，我也都说清楚了。但我并没有求过您什么吧？"

"是没有。"托尼回答。

大卫听了便问他："那您为什么在考虑我们的协议条款时，偏偏拎出来该如何终止我们服务那条来说？"

"很多像你们这样的人都来过我们公司。"托尼回答。

大卫又说："嗯嗯。您别把我归入他们那一类去，别拿他们的所作所为来套我。确实有其他人来拜访您，企图骗您钱财。所以，您也用跟今天对我一样的方法让他们没能得逞。"

"正是如此。"

"我并不是非要卖给您什么东西不可。我来给您做推介，也是您邀请我来的，因此我把到底要不要买的决定权留给您。您自己来做决定，我并不介意。我们的服务也可能会因为价格问题、效果问题或其他什么问题而并不适合您。"

然后大卫注意到托尼的行为举止发生了非常大的改变。他的态度变得比较能接受了，笑容也多了起来。但是，直到一年后，他仍不同意购买大卫公司的服务。

积极促使局势恶化

如果制服强势对手未果，你还可以选择索性让局势恶化的方法，但一定要谨慎行事。你可以稍微高声一点说话以表达出自己的怒气，看看强势对手会做何反应。如果强势对手也提高了声量，你就再往前逼近他一步。如果强势对手也随之逼近了你一步，那他的意思就是："在这儿，我是不会退缩的。"这就是你可以结束谈判离开此地的信号。

你一定要搞清楚，那个拥有比你更多资源的人是否是个强势者。并非所有有权有势的人都强势，但如果一个人的行为方式特别过分，你可能就会用比较不一样的方式去对待他。你也可以考虑这么说："我觉得你的行为太过分了些。"对手可能会说："真对不住，我不是这个意思。"然后就改变了他的行为方式。如果对手是个强势者，那他就会说了："我就这样，你怎么着吧？"听了这个回答你就知道了，你正在跟另外一种类型的人打交道。一旦你感知到了对手言行举止的异样，并且能够确定自己要处理的事情究竟是什么，你就可以及时调整自己的行为方式了。

在你和不那么强势的个人或公司进行谈判时，这里教给你的知识可以成为你的优势。如果对方很容易对付，你也可以考虑让他一点。但是，如果你感觉对手特别争强好胜的话，你可不能做出"承让"之举。可以观察一下在你做了让步之后，那个并不强势的对手会做出什么样的举动来。比较随和好打交道的那类人可能也会对你谦让一番，因为他觉得自己刚才的话说得过分了。（"我真不是那个意思。"）他说这话真实的意思是："我说了什么是一回事，但请你看我的行动,那才是我最真实的意图。我也会对你做出让步的。"

如果你知道对方是个强势对手,你可能也会想要测试他一下,看看他的攻击性到底有多强,于是你就请求他稍微做出些让步。

"凭什么我要让啊?"强势对手可能会这么反问。

你可能会回答说:"因为这有利于咱们双方都实现谈判目标啊。"

这里你要记住一点:提出问题的那个人,在谈判中是"主谈判手"。如果强势对手想知道怎么才能表现得很积极,你就需要借此机会改变一下他的思路才行。把发问的机会从他那里夺走,然后你再抛出一个问题来,控制住谈判的局势。这个情势改变的过程可能会是这样的:

你:"那个,您不这么认为吗?"

强势对手:"没错,我不这么认为。"

你:"为什么您不这么认为呢?"

强势对手:"因为这么做没有什么用啊。"

你:"为什么您觉得这么做没用呢?"

强势对手:"因为这么做对你更有利,比对我有利多了。"

你:"怎么会呢?"

强势对手:"你瞧瞧你都提了些什么破建议吧……"

在这样的交流中,你可以通过简单发问的方式来了解强势对手更多的想法。这样一来,你就可以更好地掌控局势了。这种谈判策略可以用在跟任何强势者的谈判中。任何时候,只要你能够找到合适的"杠杆",并用它来对付强势对手,你都一定可以击退他的。

捕捉刹那间情绪的爆发

利用一些线索来改变谈判对手的立场或打断他说话,看看能否借此来阻止谈判局势升级——因为这场谈判压根不是双方进行讨论,双方根本都没有交流。在对手滔滔不绝地发表声明时,请观察他的身体语言。比如说,如果他一直把食指和拇指卡在下巴上,那就意味着他正处于思考的状态中。把手捂在心口上是很有诚意的表示,而翻白眼表示怀疑,嘴巴张开表示惊讶。

你可以利用这些信息来判断对手在想什么。通过观察他的身体语言判断自己是否处于危险的境地。如果你发现他双手握拳垂在身体两侧，那么就赶紧离他远点。或者，也许你想告诉他你会被他吓得退缩，然后，你再看看他又会怎么做。你可以利用本能反应来阻止对手的攻击性行为，当你观察他的行为方式时，你就知道自己该采取什么样的对策来对付他了。

强势对手的拳头已经举起来了。有一种回应方式是你也可以举起拳头来。你们异口同声地说："我可要变得比较凶了，我已经准备好要放大招了。"如果你认为自己是占据优势的一方，足以阻止对手的恶行，从而不让事态恶化，那么你就可以担起控制局面的责任来。你也可以双手握拳，自然下垂在身体两侧，同时往前跨一步逼近对手。这是在告诉他："我入侵了你的地盘，我可一点儿都不怕你。"

如果你看到对手双拳紧握，那你也还可以做出其他的防范攻击的举措，比如你只要说上一句："我觉得咱们不好再继续谈了。下次再约吧。"这样你就可以避免让自己陷入窘境了。

对手双手握拳垂在身体两侧的这个动作表明了他正在失去理性的逻辑思维能力，开始渐渐被感性所控制。感性思维让他愈发迫切地要维护自己的利益，而且还可能会让他变得更加牙尖嘴利、好打好斗。无论他是上述哪种情况，你都已经不愿意跟这样的他继续谈下去了。离开这种谈判环境可以保护你的利益，让你不会草率签订协议或感觉自己惨遭对手威胁了。

还有一种转换"环境"的方式，如果你觉得情况允许，也可以运用：你开始哈哈大笑。笑是很有感染力的，他可能也会跟着你笑起来。这样一来，你可能缓和了谈判的氛围，让情况不至于恶化到很不愉快的境地。

要仔细倾听那些暗示谈判局势升级的话。比如强势对手在对你怒吼咆哮的时候会说："我不这么想！"比较温和的说法是："这不可能啊。"或者："我能提供的最优条件就是这个了。"为了说服你，强势对手可能会表现得比真实的他更加真诚。但你要注意观察的是他的行为方式和身体语言。假设他说："这是我能提供的最优条件了。"一边说这话，一边还对着你展露大大的笑容,那就说明他的身体语言跟嘴里说的话可对不上号。你要分析对手的话,看看他所说的对他自己会有什么好处。

你不仅需要了解对手的真实状态是什么,还要知道如何通过他的行为方式来估测他的想法。你可以根据他所说的话来判断他究竟是想把谈判局势升级呢,还是给谈判降降火?要弄清楚他所挑选使用的字眼到底要表达什么意思。如果我对你说:"咱们有个交易。"我真正的意思到底是说我们俩之间确实已经谈成了一笔交易呢,还是最近我们要通过谈判把这笔交易谈出来,而不是之前已经谈好的?

你可以通过提出一些追根究底的问题来搞清楚达成协议的条件到底是什么。你可以问下列问题来验证你的理解是否正确:"你能明确告诉我那是什么意思吗?"让他给出对这个的定义,然后你就可以从中了解到他的看法到底是什么了。进而,你也就知道了你一直以为他说的那些话是某个意思,其实他是另外一个意思。

抓住最佳时机

谈判的时机选择也是尤为重要的。我这一生中有过几次买车的经历,这里就以我买车为例吧!首先,我会收集关于价格、车型以及经销商能够提供的交易方式方面的背景信息。我了解他们什么时候会给出具体报价,愿意打多少折扣,以及什么时候他们又会突然推荐另一款利润更高的车给我。

我收集好了一切背景信息,然后就静等对手最弱势的时候——月末他们必须完成销售任务的时候。我这个"静候月底最佳买车时机"的方法让他们把我看成了大大的救星。"既然我救了你们一命,那你可要让我买到最实惠合适的车。"

"时机"扮演了一个关键性的角色,根据一个人认为自己在某种情况下所拥有的力量,你可以对他造成一定程度的影响。假设一个谈判者知道他必须得把这单生意谈成,否则就会丢掉工作或者就会有失去大客户的危险,那么这种情况就是达成交易的最佳时机——为了保住工作,他愿意尽力谈成这笔生意。

在任何谈判中,我们都要一直留意何时是最佳时机,这是因为根据谈判时间的不同,谈判中的不同时机会令谈判者在一定程度上占据优势或沦为弱势。

利用视觉效应

肉眼可见的细节可以向谈判者传达信息，强化他们的感知能力。

比如，一位女士的丈夫想要买一辆旅行车，且在这辆车的选择上尚有一些挑选的余地。而这位女士想在她丈夫做出最终的决定前，在本地的汽车经销店里买一辆稍微小一点的旅行车。当时，她的孩子还是个婴儿，因此在急急忙忙穿上衣服之后，她就抱着孩子出门了。结果，竟把裤子的里外给穿反了，等她发现时已经来不及换了。当她衣着很不得体地抱着孩子走进4S店的时候,汽车销售对她不屑一顾。最后,意识到她不会离开自己的店时,那位销售终于挪了过来。她说:"我想挑一辆旅行车,我老公想就在你们店里买。"那位销售立刻就换了一副态度。

  我曾经试过穿着很不怎么样的衣服走进某高级汽车的4S店。我不想强调自己很有钱的事实,因为我不希望即将跟我谈判的汽车销售琢磨:"我要多赚他一万美元,再把这笔钱据为己有。"在你试图解决一个问题之前,一定要知道自己即将面对的问题是什么。

清晰谈判目标

我记得我曾经接到过一个人给我打来的电话,他是想从我这里请个人过去给他们做演讲,讲讲谈判策略、谈判方法和如何在谈判中使用身体语言的问题。当我问他具体想要什么样的服务时,我们的对话是这样的:

打电话的人:"我不知道,我只是想了解一下需要花多少钱。"

我:"不能说是花钱了,这是一种投资啊。"

打电话的人:"人家只是跟我说让我花钱。"

我:"您想让我们的演讲者给您讲多长时间呢?"

打电话的人："我也不知道啊，我只是听说得花钱。"

我："大概会有多少人来听演讲？"

打电话的人："我不确定。我只是听说……"

在这里，我要指出的是，打电话来的那个人居然还是代表一个组织来跟我谈判的。他一心一意就想搞清楚请我们去演讲的成本会有多贵，就好像价格是唯一的评估标准一样。在这种情况下，他们没有考虑到底需要的是很优秀的演讲者，还是非常一般的演讲者；是专注于某方面内容的演讲者，还是全才演讲者。其实，这才是这场谈判中真正的重点所在。在一场谈判中，你一定要弄清楚究竟该派谁去代表你的团队进行谈判，否则，你就可能会失去一些原本能够在与强势对手的谈判中助你一臂之力的优势。

判断谈判者的实力

假设你要在自己的团队中选出人来去跟强势对手谈判，

在谈判前，你就已经知道了对手打算在谈判中对你的谈判团队使用什么策略。那么，首先，你要考虑在谈判的"第一场"中，究竟是要派出一个弱一点的队员，还是厉害一点的。只有搞清楚了强势对手在谈判中对比较弱的和厉害的分别会做出什么反应，你才能够决定究竟该派哪一个人去谈。这个思考判断的过程就可以让你对谈判局势略有了解。

你还要一直对以下问题加以注意：你是跟谁谈判，对手是怎么想的，以及你要思路正确才可以。针对具体环境，选择正确的思路，这是非常重要的，因为虽然你并不是分分钟都处于谈判状态中，但是在谈判之后，你的所作所为依旧会对谈判的后续结果产生影响。

在有些时候，我知道你一觉醒来会觉得自己比平时更加脆弱些。而在另外一些日子里，你则感到自己充满力量、活力四射。当你觉得人会愈来愈强大时，你的这种心态会对你的谈判产生影响——假如你一觉醒来就觉得对手比你厉害，那么这也会变成现实。因为你可能会想："在这种情况下我处于劣势啊。"然后这种不自信就会在你的谈判中体现出来了。确实，在与强势对手狭路相逢时，你可能就会显得比较弱势。认清这一点，可能反而会让你在开始谈判前有意识地去寻找有利资源来加强自己的实力。摆出一个强势姿态，可以让你显得充满活力。另外，当你意识到自己处于下风时，你一定要自省一下，为什么自己会有这种感觉。

你在谈判之前和谈判过程中的心态会影响到你谈判的方式，包括谈判策略的运用、做出让步的程度和你允许对手对你的欺压程度。如果想要预防这些损失，你就要提前预测在谈判中可能出现的情况，这样一来，通过在做准备的过程中确认自己都拥有哪些谈判资源，你会发现自己并不像你原本以为的那么缺乏实力，你可以利用你的资源来应对强势对手了。

你给自己的"人设"也很重要。如果你摆出一副"我超棒的"的态度，那么即使你并没有那么棒，最终你都会取得很棒的结果。要通过身体语言来表达出自己很棒的意思，比如双手托着后腰站着。这个动作可以表达出你对想要把强势行为付诸实际的强势对手的深深蔑视。你用自己的身体语言告诉对手："我是一定会坚持住自己的立场的,我可不是一个你想怎么欺负就怎么欺负的人。有本事你来吧。"

你所表现出来的状态就是你的态度。强势对手会看到这个"信号",但如果你不表现出自己的强势的话,他可能就要压制你了。

除了听对手怎么说之外,还要看他是怎么做的,因为行动会反映出谈判对手更多的真实想法。

在你向对手显示自己实力的时候,一定要对你所说的话多加注意。要说"我不会",而不要说"也许我会";要说"那是不可能的",而不要说"可能也有机会吧"。

要注意你说话时的语音语调。"这是不可能发生的事"这句话,就会比"呃,也可能会发生吧"传达出更多的信息。

了解身体语言
和微表情

如果有人一拍大腿,说:"也许咱们真能干成这件事呢!"那你一定要对他多加注意。他不仅并不太清楚自己究竟在说什么,而且还很可能是在试着安慰自己,给那些连他自己都不敢确信的事增加可信度。这也意味着,如果你想要在那种情况下掠夺他的利益的话,那么你可以获取更多。要注意听对手所说的话以及他们的话都是怎么说出来的,"可能我们能够做到",就和其确定的"不,这种事是不可能发生的"大有不同。还有,在对手说这些话的时候,还会做出一些自我安慰的身体语言，你也要多加留意。

注意强势对手说话时的语气，观察他所说的和他身体语言所表现出来的是否一致。比如，假设他说："今天的谈判，我要完全压制你！"说话时却往后退了一步，让自己离你远些。那他真实的意思其实是："我是不会压制你的，至少，哪怕我真这么做了，我也会跟你保持一定距离的。"这就意味着，距在他让谈判局势升级、变得更加紧张之前，还有一段时间。

这些非语言线索表现了对手最真实的思维过程，所以你一定要注意观察他的身体语言。如果他俯身向你，很凶猛地对你咆哮道："要么你就同意这笔交易，要么我就走人！"这时你要观察他的手。在他说这番话的时候，他的左手食指和拇指紧紧捏在一起。这个身体语言说明他说这话是认真的。

观察谈判对手做出的那些与他们所说的话截然相反的身体语言，这可以让你深入了解他真正想要表达的意思到底是什么。

现在，我们再来说说其他安抚性手势。假设他稍微换了一种语气，对你说："你最好就这么跟我签，要不我就走了。"但同时却并没有把拇指和食指紧紧交叠在一起，而是两只手不停地搓着。他这个动作的意思是："我认为你一定会跟我签合同的，因为你以为我说要走这话是认真的。"因此，他期待地搓着手。

再看一个立场不同的例子。他说了相同的话，但做出的身体语言却不是搓手，而是转动手腕。这个转动手腕的动作是在告诉你："我其实是在虚张声势地吓唬你，就是想看看你到底会怎么做。如果你真的起身要走，那我就必须要做些什么把你留下来继续谈判才成。"

思考一下，在说同样的话时，强势对手是如何使用不同的语气和身体语言来表达出不一样的意思的。如果你是一个精明能干的谈判代表，就能够听明白对手所说的话背后深藏的含意并判断出对手接下来打算采取什么样的行动。

注意强势对手的手势和动作，他是一个潜在的欺软怕硬型强势者（也就是说，他会根据自己的感觉来决定要不要变身成强势者）吗？还是说，他是个货真价实的强势者，非常有攻击性，如果你不愿意做出他所需要的让步的话，他就根本不想跟你谈？如果对手是后者，而他也确实做出了我前面讲过的那些身体语言，那么你就要去弄清楚他不想跟你谈的原因到底是什么。

当你们俩面对面时，请注意观察一下，看他的双脚足尖是否都正对着你。如果是，就说明："我全情投入这场谈判。"而如果他一只脚朝向另一个方向，则表明："我不想跟你谈了，我想要退出谈判，我要走了。"如果他表现出非常强势的样子，但一只脚却歪向另一个方向，并没有直对着你，那么这个动作就说明他其实并没有他自己说的那么想针对你。

身体语言是语言交流不可或缺的一部分，在本书的第二章中，我讲到了在态度、情绪和想法中一闪而过的微表情。如果你可以在谈判中捕捉到强势对手的微表情，那么他的所思所想就会一幕幕地展示在你眼前了。如果强势对手说："要么同意我的条件，要么就滚。"然后对你微笑，那就说明他是言不由衷的；但如果他说这话的同时对你露出鄙夷不屑的表情，那他就说的是真心话了。

蔑视是这样表达出来的：一个嘴角向上挑，同时说："要么签了它，要么滚出去。"那蔑视的表情告诉你："我不喜欢你。要么赶紧签合同，要么赶紧走人。我希望这场谈判已经结束了。我已经受够了你。你是在挑战我的耐心极限啊，所以我想赶紧走啦。"而你的回应是站起身从桌边离开，并且对对手说："我觉得我该走了。"就在这时，强势对手的嘴巴惊讶地张大了。这说明，他感到非常惊讶。他其实并不真的想让你走。

在一场谈判中，如果你能够辨识出以上所提到的所有身体语言，那么你就能够从中获得更多的"谈判力"。而且，在真正的谈判中，你也能够从中洞悉你事先准备好的那些谈判策略到底发挥了多大的作用。按照谈判计划，你已经做出了一些回应。然后，你既得到了对手的直接反应，也从谈判中他出现的微表情中窥到了一些对手更真实的想法。

了解情感和心理
在谈判中的作用

有时候，我们会使用"扮猪吃老虎"的方法，甚至连自己都意识不到我们在做什么的时候就下意识地这么做了。比如，你可能会根据情况来假装弱小或伪装强大。

所谓扮猪吃老虎，不光是可以装弱或扮强，还可以故意捣乱，所有这些装傻充愣都等于是给了你某种杠杆，让你可以跟谈判对手打心理战。

在一年圣诞节期间，我把车停在了一盏路灯下，这时正好有一辆大巴士从我的车旁边拐弯。那巴士司机当然看到我了，但是他却一心想逼迫我倒车或向路边挪车，总之是要给他腾出更大的地方来。他离我的车已经特别近了，我摇下车窗，正打算跟他理论时，他却也摇下车窗，满面笑容地对我说："圣诞快乐！"这让我一下子就不想发脾气了，我的怒气烟消云散。

你可以采取一些用来对付强势对手或任何人其他的心理战术。如果你用这些心理战术对付你的强势对手，你一定要多加小心，看他会如何处理。如果他觉得你是在众人面前羞辱他，那可能就会导致他立刻升级谈判局面，比如他会这么说："您是觉得这很搞笑吗？让我来做给您瞧瞧，在谈判中什么才是最搞笑的。"或者："看来，您是觉得在咱们最后一轮谈判中，您胜过我了？现在我就让您看看在这最后一轮谈判中到底会发生什么吧。"

对你自己所采取的行动，以及由此从强势对手那里得到的回应，你一定要多加注意才行。心理战术是可以成为让你占据优势和上风的工具，所以你一定要分分钟都留意，看看自己该如何在谈判中运用它。

◆ 本章总结 ◆

要对强势对手进行区分，有些人觉得自己根本就不是强势者。他们可能是那种喜欢掌控局面的人，也可能是为了保有控制权而表现得特别强势的人。这两种人的思维是不一样的。

要对跟你谈判的强势对手的性格类型进行鉴别。这也就是说，即使是你第一次跟一个人见面（之后再见当然也是一样），你都应该对他的特点、态度和性格特征进行评估。这样做会让你对他有必要的了解，有助于你制定跟他谈判时的策略。

要确定哪里才是与强势对手谈判的最佳环境。他可能因为周围的资源优势在某个环境中就会变得更加强势；也可能会出于自己在这里必须保住面子的考虑表现得比他平时更加强势自大。如果出现了这种情况，你一定要让他离开这个环境才行——货真价实地走出这里，或者是剥夺这个环境对他的心理影响。这样一来，他心理上的优势会被削弱，导致他的头脑都不那么灵光了（这是因为，所谓"权力"，其实是一种心理感受罢了）。

如果一对一不能让你制服强势对手的话，就组织起一股力量来作为对付他的"杠杆"。你要随机应变，让那些强势对手很尊敬的人站在你这头支持你。还有，永远都不要让强势对手知道，你这一方的力量到底有多强大。

你必须做好要继续发动第二波、第三波、第四波攻势的准备，而且一波要比一波更厉害才行。为了让你的攻势效果最大化，你发动下一波攻势的时间一定要选择在强势对手认为他已经竭尽全力地灭掉了你的最优势力量的时候。一般情况下，这样较量一段时间之后，你会渐渐击溃强势对手，让他开始顺从你的意愿。如果经过一段时间集中力量对付强势对手之后，他依然不肯顺从你，那你就一定要对他多加小心了，因为你对付的这个强势者可能是那种为了不让你赢而不惜毁了自己的家伙。

为了防止自己做出太大的让步，你要事先想好自己的底线是什么，一旦触碰到底线，就应该先暂停谈判了。要时刻牢记，谈判的时间越长，你牺牲自己利益做出让步的可能性就会越大。这是从心理学的角度看这一谈判结果，如果不知变通，可能会给你带来巨大的损失。

在这次谈判目标达成之后,过了一段时间,如果你需要重新从一个更加友善的角度去跟这位强势对手打交道,那你就要观察他对你的态度如何。根据这段关系对你的重要程度,你可以让他稍微赢得一些利益。你在之前谈判中的所作所为已经在他的心目中留下了根深蒂固的印象,所以他肯定不希望跟你再来一场那样的谈判了。

如果想要进一步了解你的所作所为对强势对手产生的影响,你就要注意观察那些跟你的强势对手走得比较近的人,看他们在谈判后跟你打交道时的态度如何。你可以根据这些人的态度来评估强势对手是否还对你心存芥蒂。

◆ 家庭作业 ◆

把书往前翻,看看每一章后面的家庭作业都是什么。经过五周的学习之后,选择一章的作业来重点做做。如果你发现自己哪一章作业都不能圆满完成,那么就一定要重新学习本书。

通过做作业，你会进一步提升自己的谈判能力，同时学会鉴别强势者的类型和行事风格。持之以恒，你就会得到更多的新知识和更强的洞察力，取得更大的提升和进步。